LES CLARISSES CAPUCINES DE PARIS

(1602-1792)

PAR

M. DENIS, T. O.

COUVIN
MAISON SAINT-ROCH
—
1911

LES
CLARISSES CAPUCINES

DE PARIS

(1602-1792)

LES CLARISSES CAPUCINES DE PARIS

(1602-1792)

PAR

M. DENIS, T. O.

EXTRAIT DES *Etudes Franciscaines*

COUVIN

MAISON SAINT-ROCH

—

1911

SOURCES MANUSCRITES

—

1. Archives nationales. Paris. D XIX. 16, 44, 66. — F¹⁹
470. — G⁸ 151. — M. 711. — S. 4650.

2. Archives de la Préfecture. — Sections de Paris. Procès-
Verbaux des Commissaires de Police (Place Vendôme)

3. Arch. départ. Seine. n. 199, 256, 1330, 6827 (Fonds
des domaines.)

4. Bibliothèque de l'Institut. Ms. 31. — Propositions et résolu-
tions des chapittres conventuelz tenuz au couvent des Filles de la
Passion à Paris soubz le R. P. Archange Cappuchin leur
confesseur.

5. Bibliothèque Carnavalet. Ms. N. A. 40, Capucines de Paris.

6. Bibliothèque franciscaine de Couvin. (Belgique) Ms. Delamarre. Ce recueil est ainsi dénommé parce qu'il est la copie d'un
manuscrit appartenant au comte Delamarre. L'original date du
XVIIIᵉ siècle ; il a été acquis par son possesseur actuel à une
vente faite par une communauté qui a quitté Paris. On y trouve
dix-huit biographies. Il est intitulé : « Vie des mères et sœurs
capucines décédées en leur monastère de Paris ».

7. Bibliothèque Nationale de Paris. Mss. fr. 25046 et 25047.
Abrégé historique des Illustres Religieux Capucins de la Province de Paris.

8. *Bibliothèque Mazarine* Ms. 2418. Annales des Capucins de Paris (écrites par le P. Maurice d'Epernay, Prédicateur Capucin, en 1713).

9. *Bibliothèque de S. Sulpice à Paris.* Mss. du P. Maurice d'Epernay côtés K. 481. les tomes II et IV.

IMPRIMÉS

1. P. NICOLAS GAZET. — *Le Miroir des Veufves et vie en estat de viduité et mort de la S^me P^se Loyse de Lorraine, Rayne D^re de France et de Pologne, décédée en l'an 1601.* Paris, 1601.

2. L. F. GUÉRIN. — *L'Auréole de Ste Claire.* Histoire de la persécution révolutionnaire soufferte par les filles de Ste Claire, ouvrage composé d'après des manuscrits inédits. Aix. 1867.

3. ELIE HAREL. — *Histoire de l'émigration des religieuses supprimées dans les Pays-Bas.* Bruxelles 1784.

4. HILARION DE COSTE. — *Les Eloges et les Vies des Reines.* Paris 1647.

5. HILARION DE NOLAY. — *Gloires du Tiers-Ordre de S. François.* Lyon 1694.

6. MALET. — *Sommaire narration du premier establissement qui a esté faict en France de l'Ordre des Capucines dites filles de la Passion.* Paris 1609.

7. *La première reigle des religieuses de Ste Claire, laquelle leur fut donnée par le Père S. François et confirmée par le Pape Innocent IV.* Paris 1605.

8. RAUNIER. — *Epitaphier de Paris*. (Coll. de l'Hist. gén. de Paris.) T. II.

9. P. UBALD d'Alençon. — *Fondation des Capucines de Paris*. Etudes Franciscaines. T. XI. p. 103.

10. *Vie des premières Religieuses Capucines de Marseille* (écrite par les religieuses du même ordre). Marseille 1754. L'exemplaire de cet ouvrage coté L n^{25} . 68 à la Bib. Nat. de Paris, porte manuscrit sur le feuillet de garde « Capucines de Paris ». Il dut par conséquent faire partie de la Bibliothèque de ces religieuses.

11. *Costituzioni delle monache del secondo ordine di S. Francesco... sotto l'istituzione e riformazione della Beata Colletta* por Suor Maria. Roma Morini. 1866.

—

Je me fais un devoir de témoigner ici toute ma gratitude au R. P. Ubald d'Alençon qui a bien voulu me guider dans tout ce travail.

LES CLARISSES CAPUCINES

DE PARIS

(1602-1792)

§ I. FONDATION

En commençant la monographie des Capucines de Paris, il ne me semble pas hors de saison de faire connaître celle qui eut le bonheur et l'honneur d'être choisie par Dieu pour l'établissement en France des filles de sainte Claire. Je n'ai point la prétention toutefois de donner ici une biographie complète de Louise de Lorraine, je voudrais seulement retracer les événements plus marquants de son existence et redire les principales vertus de la pieuse reine.

Louise de Lorraine naquit à Nomény le 30 avril 1554 ; elle était le quatrième enfant du comte Nicolas de Vaudemont (1)

(1) Nicolas de Vaudemont était le fils puiné d'Antoine, duc de Lorraine et de Renée de Bourbon. Il fut créé duc de Mercœur par Henri III le 8 mars 1576 Il se maria trois fois : tout d'abord à Marguerite d'Egmont en 1549 dont il eut quatre enfants ; en secondes noces à Jeanne de Savoie le 24 février 1555 ; de ce mariage naquirent six enfants. Enfin, il épousa Catherine de Lorraine le 12 mai 1569, d'où issurent encore cinq enfants. L'ainé Henri, comte de Chaligny 1570-1601) fut le père de Louise de Lorraine, filleule de notre héroïne ; née en novembre 1593 à Nancy, elle épousa, le 19 mars 1608, Florent prince de Ligne du S. Empire ; devenue veuve elle se fit Capucine de la Congrégation de Bourbourg sous le nom de Sʳ Claire Françoise de Nancy ; elle fonda un monastère du même Ordre à Mons. Mᵍʳ Némius, archevêque de Cambrai en consacra la chapelle le 6 août 1665. Sʳ Claire mourut à Mons le 1ᵉʳ décembre 1667 (*An. Franc.*, Janv.-Août. 1873). Le dernier, Henri de Lorraine, né le 14 mars 1576 mourut Capucin le 27 avril 1623 après avoir été évêque de Verdun. — Le Comte de Vaudemont mourut le 24 janvier 1577.

La maison de Lorraine porte d'or à une bande de gueules chargée de trois alérions d'azur. Les ducs de Lorraine portent coupé en 8 pièces ; 4 en chef : la 1ʳᵉ de *Hongrie*, la 2ᵐᵉ d'*Anjou-Sicile*, la 3ᵐᵉ de *Jérusalem*, la 4ᵐᵉ d'*Aragon*; et 4 en pointes :

et de Marguerite d'Egmont (1). Deux ou trois jours après sa
naissance, elle fut tenue sur les fonts baptismaux par Mgr
Toussaint de Hossey, Évêque de Toul et Louise d'Etamille,
Comtesse de Salins ; on lui donna les noms de Renée-Louise.
Peu de jours après, elle perdit sa mère et fut confiée à sa marraine.
Celle-ci prit un soin particulier de l'enfant. L'année suivante, le
comte de Vaudemont épousa la sœur du duc de Genévois et de
Nemours, Jeanne de Savoie (2) en qui la petite Louise trouva
une véritable mère.

Fidèle aux traditions de la maison de Lorraine, la comtesse
base l'éducation de ses enfants sur l'esprit de foi. Louise, en
retour, donne dès ses plus tendres années les marques d'une
dévotion forte autant que suave.

C'est à l'âge de dix ans que, pour la première fois, Louise est
conduite par sa belle-mère à la Cour de S. A. de Lorraine, son
cousin germain. Elle y paraît toute éblouissante d'amabilité, de
modestie, de candeur et de charité, toute parée du charme
vainqueur de ses vertus. Elle provoque l'admiration de la
duchesse Claude (3) et de toute la cour. Au surplus, elle acquiert
tant de crédit auprès de son père et de son cousin et ce crédit est
si bien connu des sujets des princes que pour traiter des affaires
les plus importantes ils prennent l'enfant pour avocat.

Henri de France devenu roi de Pologne en 1573, voulut
passer quelques jours à la cour de Lorraine avant de se rendre
en ses Etats. Il fut enthousiasmé par les vertus de la jeune fille,
et annonça à sa sœur qu'il ne voulait point d'autre épouse.

A peine de retour en France pour prendre possession du
royaume que lui lègue son frère (4), sa pensée se reporte vers
Louise de Lorraine ; il fait part de ses inclinations à Catherine
de Médicis. La reine-mère approuve le choix si heureux de son
fils et immédiatement Henri III dépêche de Lyon le sieur du
Gast vers S. A. de Lorraine et le comte de Vaudemont pour leur
demander la main de la jeune fille. Il ne pouvait se présenter un
parti plus avantageux et plus désirable ; le mariage fut donc
accepté avec grande joie. Louise quitta Nancy au commen-

la 1re d'*Anjou-moderne*, la 2me de *Gueldres*, la 3me de *Flandres*, la 4me de *Bar* sur le
tout de Lorraine. Les comtes de Vaudemont et les Ducs de Mercœur mettaient pour
brisure sur tout l'écu un lambel d'azur posé en fasce.

(1) Cette dernière était fille du comte d'Egmont et de Françoise de Luxembourg.
(2) Jeanne de Savoie mourut le 4 Juillet 1568.
(3 Claude de France était fille de Henri II, sœur de Charles IX et de Henri III.
(4) La mort de Charles IX arriva le 30 mai 1574.

ment de février 1575, le roi de France vint au devant de sa fiancée jusqu'à Reims, et le 15 février, jour même du sacre, les époux royaux consommaient cette union, cause de la plus vive allégresse pour les français et les catholiques, comme aussi du plus amer dépit pour les hérétiques.

Comme elle avait édifié la cour de Lorraine, Louise édifia celle de France pendant les quatorze années qu'elle eut le bonheur d'être reine.

Elle fait deux parts de son temps : la première est consacrée à ses devoirs d'état, elle partage la seconde entre la prière, la visite des malades, des prisonniers, l'ensevelissement des morts et le travail pour les pauvres. Elle enseigne le catéchisme aux personnes de son entourage, et, suivant l'expression d'un de ses historiens, parvient à changer la cour la plus corrompue et la plus perverse en « *un séminaire de dévotion* ». Pour aboutir à cette transformation, que de prudence, d'habileté, de patience ! La reine veille sur la conduite des gens de sa maison et sur leurs relations avec une vigilance intelligente et pleine de tact, elle les reprend avec charité, ne les renvoie que si les avertissements réitérés sont demeurés inutiles et sans effet.

Louise n'écoute ni les flatteurs ni les médisants, ne cherche pas à plaire par de brillants atours ; toujours vêtue simplement, elle s'attache le cœur de son peuple par ses aumônes et ses libéralités. Aimée du roi, elle se sert de son tout-puissant pouvoir sur lui pour obtenir, non de plus grandes richesses personnelles, mais l'abolition des impôts. Enfin elle accomplit des fondations pieuses. Citons entre autres : l'office du Saint Sacrement aux Jacobins; trois bourses à la faculté de Paris pour les bacheliers en théologie destinés à catéchiser les prisonniers et à les assister au moment du supplice.

Si la fidélité à Dieu se manifeste par l'accomplissement des bonnes œuvres, elle se prouve plus encore dans l'acceptation résignée de l'adversité. Or la vie de Louise de Lorraine ne fut point exempte d'épreuves. L'état maladif habituel du roi lui en était une constante, la privation des joies de la maternité en fut une plus cruelle encore pour la reine de France. Elle se soumettait avec amour à la volonté de Dieu ; mais où sa foi et sa vertu parurent avec plus d'éclat, ce fut à la mort de Henri III (1). Se trouvant à Chinon lors de l'assassinat du roi, elle ignora pendant

(1) Henri III fut assassiné le 1er août 1589 à St-Cloud. Il était né le 19 septembre 1551.

un mois le malheur qui l'avait frappée, personne n'ayant le courage de le lui annoncer. Ce silence même causait à la reine de douloureuses inquiétudes. Enfin au commencement de septembre, elle apprit par l'entremise de son confesseur le deuil cruel qu'elle venait d'éprouver. Aussitôt elle vint à Nantes, où se trouvait Henri IV, et demanda au roi justice de la mort du roi. Puis ce devoir de l'épouse accompli, elle se retire à Chenonceaux pour y vivre dans la solitude et les exercices de dévotion.

Quelques années après, le douaire possédé par Elisabeth d'Autriche (1) à Moulins lui ayant été concédé, Louise de Lorraine se fixa en cette ville. Là encore elle devient un sujet d'édification pour tous ; elle multiplie ses charités, dote les églises d'ornements et de fondations pieuses. En 1600, elle fait distribuer de fortes sommes à tous les pèlerins se rendant à Rome pour le jubilé, elle va jusqu'à se priver du nécessaire pour faire l'aumône. Ses libéralités deviennent plus considérables encore lorsqu'il s'agit des enfants de Saint François : les couvents de Moulins et de Montbrison furent l'objet de ses plus particulières largesses pendant sa vie et après sa mort.

De tout temps, du reste, Louise de Lorraine donna les marques d'une dévotion toute spéciale envers saint François d'Assise, sainte Claire et les Saints de l'Ordre Séraphique. Elle portait le cordon franciscain et cousait l'image du Séraphique Patriarche à l'intérieur de ses vêtements, de façon à ce qu'elle se trouvât sur son cœur (2).

Louise de Lorraine avait une affection marquée pour les Clarisses, c'était une de ses consolations de se rendre à leur monastère de Moulins. Cela ne lui suffisait pourtant pas. Après la mort de son époux, elle avait donné à Dieu tout son amour, et son désir le plus ardent était d'embrasser l'état religieux. Or à cette époque il existait en Italie des religieuses nommées Capucines dont la réputation de sainteté était universelle. Leur Congrégation avait été instituée à Naples par la V. Marie Longo (3) et saint Charles Borromée en établit un monastère à Milan, l'année 1579.

---

(1) Elisabeth d'Autriche, veuve de Charles IX, décéda en Autriche le 22 janvier 1592.

(2) Le P. Nicolas Gazet, Cordelier, à qui j'emprunte ces détails, assista Louise de Lorraine pendant sa dernière maladie; en reconnaissance, la reine lui donna son cordon franciscain ; le P. Nicolas ne quitta jamais cette corde tant était grande l'estime qu'il faisait des vertus de celle de qui il la tenait.

(3) La V. Marie Laurence Longo naquit à Naples en 1463, d'une noble famille d'Italie. Après avoir été guérie miraculeusement d'un empoisonnement en juin 1509 dans la sainte maison de Lorette, elle prit l'habit du T. O., s'adonna au soin des

Ces religieuses observaient la première Règle de Sainte Claire sous la conduite des Capucins. La reine voulut faire bénéficier son royaume de leurs mérites et résolut de leur faire bâtir un couvent capable de recevoir trente-trois religieuses — nombre obligatoire pour la constitution d'un monastère — où elle partagerait leur vie de prières et de pénitences.

Elle fit part de son projet au Pape Clément VIII ; celui-ci approuva son dessein et lui promit de le favoriser. Quant aux Capucins, ils refusèrent la charge des religieuses (1). Louise de Lorraine en écrivit à leur Supérieur Général et à plusieurs Cardinaux. Malheureusement la mort vint la frapper à Moulins le 29 janvier 1601 (2) et mit quelques retards à ses généreux desseins. Toutefois par son testament du mois de janvier de la même année (3), Louise de Lorraine prescrivait la fondation, à Bourges, d'un monastère de Capucines, où elle voulait être inhumée *afin*, disait-elle, *d'y estre morte ne pouvant y estre vive* ; en même temps, elle chargeait son frère Philippe de Lorraine, duc de Mercœur, d'en assurer l'exécution et d'affecter à cet établissement la somme de vingt mille écus dont cinq mille pour la construction du couvent. Philippe de Lorraine étant mort

malades, puis fonda, dans sa ville natale, un hospice d'Incurables et un monastère de religieuses de sainte Elisabeth dont les Capucins étaient les directeurs spirituels. Stimulées par la ferveur des religieux et les vertus de leur supérieure, les religieuses du monastère manifestèrent le désir de suivre la première Règle de sainte Claire en y ajoutant les constitutions capucines. Le Pape Paul III leur envoya la Bulle d'approbation le 10 décembre 1538 (Hil. de Nolay) — Quatre ans après, la fondatrice rendit son âme à Dieu. Dans l'*Année Sainte des Trois Ordres de saint François*, le T. R. P. Eugène d'Oisy fait mention de la Vénérable au 21 décembre. Cf. P. Edouard d'Alençon, *La Ven. S. di. Dio Maria Lorenza Longo. Cenno biog. inedito.* Rome 1896.

(1) En 1603 un Bref du Pape Clément VIII les contraint de l'accepter.

(2) Louise de Lorraine mourut de la mort des saints en prononçant le saint nom de Jésus. Tous les auteurs ne sont pas d'accord sur la date de cette mort. Dans ses *Mémoires*, Lestoile (Ed. Michaux, règne de Henri IV, p. 326) la place au 4 juillet 1601, Malet la met en février de la même année, mais la plupart des biographes de la reine la font mourir en janvier. La Chesnaye Des Bois, Mas Latrie et plusieurs historiens fixent son trépas au 29 janvier ; il m'a donc semblé préférable d'adopter cette date qui vraisemblablement est la plus exacte.

(3) Ce testament fut reçu par Claude du Teil et Jean Ravangie notaires royaux à Moulins, le 28 janvier 1601. Le 8 octobre suivant, Madame de Mercœur chargea son Procureur maître César Martin, Prieur du Collège des Lombards, de se rendre à Bourges pour y consulter l'archevêque de cette ville ainsi que les autorités civiles au sujet de la dite fondation. Le consentement fut unanime ; de plus clergé et habitants offrirent de prendre part aux dépenses nécessitées par l'établissement du nouveau couvent. Cf. *Théâtre des Antiquités de Paris* par le P. Jacques du Breul. Paris 1639.

le 19 février 1602 (1), Marie de Luxembourg sa veuve prit soin
de cette fondation (2) à laquelle Henri IV l'autorisa par Lettres
Patentes du 8 juin 1602 (3).

L'autorisation royale ne fut cependant pas sans soulever
quelques difficultés, car, contrairement au désir de la défunte,
Henri IV ordonna que le monastère fût fondé à Paris (4). Ce
fut alors, semble-t-il, qu'intervint le P. Ange de Joyeuse.
Emerveillé du bien accompli par les Capucines d'Italie et,
probablement aussi, désireux de voir l'exécution des volontés de
sa belle-sœur (5), il se fit à Paris l'ardent champion de cette
cause et de concert avec la Duchesse de Mercœur parvint à
établir les Capucines dans la capitale. Une vingtaine de filles
répondirent à l'appel du zélé Capucin, leur nombre s'accrut
jusqu'à quarante, toutes vivaient uniquement par le soin des
princesses. En septembre 1603, une Bulle du Pape Paul V autorisait la fondation à Paris d'un Couvent de Capucines qui porte-
raient le nom de Filles de la Passion à condition que leur chapelle
portât ce nom (6).

La duchesse de Mercœur acheta, en vue de le transformer en
monastère, l'hôtel de Retz, appelé communément l'Hôtel du
Perron, situé faubourg S.-Honoré, tout proche du couvent des
Capucins. Le 29 juin 1604, elle posa, au nom de Madame
Elisabeth, fille aînée du roi, la première pierre du monastère.
Les travaux de construction durèrent deux années. Pendant ce

(1) Philippe Emmanuel de Lorraine naquit le 9 septembre 1558 du Comte de
Vaudemont et de Jeanne de Savoie ; il épousa, le 12 Juillet 1575, Marie de Luxembourg dont il eut deux enfants : Philippe mort jeune et Françoise, née en 1592 ; elle
épousa César, duc de Vendôme en 1609. Marie de Luxembourg mourut le 6
septembre 1623 et Françoise de Mercœur le 8 septembre 1669. Ph. de Mercœur
bâtit à ses dépens le Couvent des Capucins de Nantes. Il obtint la naissance de sa
fille par l'intercession de Saint François d'Assise. *Oraison funèbre du duc de Mercœur*
prononcée par Saint François de Sales à Notre Dame de Paris le 27 avril 1602. p. 32.

(2) La duchesse de Mercœur et sa fille donnèrent plus de 200.000 livres sur leurs
propres deniers pour bâtir le couvent des Capucines. Le Pape Paul V leur accorda
le titre de Fondatrice ainsi que la libre entrée du couvent pour elles et toutes les
filles descendant de la duchesse de Vendôme et la jouissance de tous les privilèges
attachés au titre de Fondateur.

En conséquence, le 24 octobre 1613, le P. Honoré de Paris, Provincial des
Capucins, leur permit d'entrer, de manger et de loger aux Capucines sans pouvoir
toutefois être accompagnées d'aucune personne séculière.

(3) Arch. Nat. Paris, S. 4650.

(4) Lettres patentes d'octobre 1602 enregistrées au Parlement le 25 octobre.

(5) Son frère le duc Anne de Joyeuse avait épousé Marguerite de Lorraine, sœur
de la reine Louise de Lorraine.

(6) Cf. Première Reigle des rel. de Ste Claire. Paris 1605.

temps, la duchesse de Mercœur s'installa avec les vierges franciscaines au faubourg S.-Antoine en la maison dite de la Roquette. Le 14 juillet suivant, fête de saint Bonaventure, douze postulantes y prenaient l'habit de novice composé d'une tunique de grosse bure, d'une robe de même étoffe et d'un voile blanc. Le même jour leur étaient donnés : pour Supérieur et Directeur le P. Jérôme de Rouen, ancien maître des Novices à Paris et Orléans ; pour confesseurs extraordinaires les Pères Ange de Joyeuse, Provincial, et Archange d'Ecosse (1).

Peu de temps après elles avaient l'honneur d'être visitées par le Cardinal Boufalo, nonce du Pape (2). Avant de passer outre, familiarisons-nous un peu avec les saintes filles dont nous désirons esquisser le développement en France, et pour cela pénétrons davantage en l'intime de leur vie en consultant leur règle (3). Les Capucines et les Clarisses suivent la première Règle de sainte Claire et les constitutions de sainte Colette. Les Capucines observent les cérémonies, usages et coutumes des Capucins (4).

Cette règle, la même que Saint François d'Assise imposa à Sainte Claire, contient douze chapitres. Les religieuses qui l'embrassent s'engagent à observer le Saint Evangile, vivant en obéissance, sans propre et en chasteté, elles promettent obéissance au Pape et à l'Eglise Romaine, et aux successeurs de Saint François.

Les postulantes gardent leurs vêtements séculiers pendant une semaine ; ensuite pendant le temps de l'antéprobation qui varie de cinq à six mois elles portent le petit habit semblable au grand pour l'extérieur mais différent de celui-ci en ce que celles qui en sont revêtues usent encore de linge, de pantoufles et au lieu de la corde ont une ceinture de drap. Cette période de six mois expirée, commence celle de la probation ou noviciat. Les novices ont les cheveux coupés en rond et reçoivent le grand habit dont nous parlons plus haut. On leur concède trois tuniques et un habit. L'année de probation terminée, on les reçoit enfin à l'obédience ou Profession.

---

(1) Malet. — *Études Franciscaines*. tom. XI. p. 103-105.

(2) Helyot, *Dict. des Ordres religieux*.

(3) Cf. Première Règle des religieuses de sainte Claire, qui leur fut donnée par le Père saint François et confirmée par le Pape Innocent IV. — Vie des premières Capucines de Marseille. — Ms 31 de la Bibl. de l'Institut — *Constituzione delle monache...* p. p. Sœur Maria Romana, Rome, 1866. —Ubald d'Alençon. *Opuscules de S. François d'Assise*, Paris 1905. p. 34 et 247.

(4) Guérin, *Auréole de Sainte Claire*.

Les novices et les jeunes professes ne parlent aux anciennes qu'à genoux ; toutes les religieuses donnent cette marque de respect à la révérende mère abbesse.

La vie des Capucines est avant tout contemplative. En dehors de l'oraison, les sœurs sont tenues à la récitation du Bréviaire, celles qui ne savent pas lire doivent y suppléer par soixante-quatre Pater. De même elles remplaceront les Vêpres et Matines de l'office des morts par dix-neuf Pater et autant de Requiem. A la mort d'une sœur, chaque membre de la Communauté récite pour l'âme de la défunte l'office des morts entier ou cinquante Pater et Requiem.

Le travail occupe une place très marquée dans la vie des Capucines, et là on reconnaît bien l'esprit de leur saint Fondateur. Ce travail auquel les religieuses doivent s'adonner à partir de Tierce n'est point une occupation plus ou moins sérieuse, bonne simplement à employer le temps ; non, c'est au contraire un travail capable de servir à l'utilité commune, qui devra être exécuté fidèlement et dévotement et, de plus, pour être certain que nulle ne manquera à cette obligation, le législateur ajoute cette clause : « Que les sœurs soient tenues de porter au chapitre devant toute la communauté ou d'assigner à leur Abbesse ou Vicaire tout ce qu'elles auront fait de leurs mains. » Au Couvent de Paris, chacune devait fournir tous les matins une heure de travail au jardin (1).

Comme celle des religieux du premier Ordre, la pauvreté des sœurs du second Ordre de Saint François est des plus strictes, elle doit se faire sentir jusque dans les objets destinés au culte et c'est merveille de voir comment les Capucines savaient allier l'amour de Dame Pauvreté avec la décence et même l'honneur dû à N.-S. dans la divine Eucharistie.

Voici à ce sujet un chapitre assez curieux et qui mérite d'être cité (2) :

« Aux paremens et draps d'autel il ne doit y avoir ni or ni argent, ni préciosité, ni curiosité. Tout doit être très propre et net, les livres reliés pauvrement sans curiosités ni gentillesses. Sauf ce qui touche de près ou de loin au T. S.-Sacrement, comme calice, pavillon, tabernacle, on ne doit rien recevoir en soie, velours, or ou argent.

(1) Ms 31 de l'Institut de France, 25e Chapitre hebdomadaire tenu en 1617. Le Chapitre 26 nous apprend que le jardin était divisé en huit allées.

(2) Ibid, chapitre 18e tenu le 3 février 1617.

« Les nappes se changeront toutes les six semaines l'été, tous les deux mois l'hiver, les aubes suivant la nécessité. Les corporaux seront bien empesés ; on les raccommodera en servant pauvreté et révérence de l'autel. Les voiles de calices seront bien étendus dans leurs boîtes pour éviter les faux plis.

« Les jours de communion on ornera la grille de communion de fleurs en été, et en hiver on brûlera quelque chose de bonne senteur.

« Les calices seront soignés avec précaution, on ne les frottera pourtant que les jeudis et dimanches, car plus souvent les dédorerait. On balayera l'église trois fois la semaine et quand la reine entrera ; on frottera les tableaux tous les quinze jours, les bancs et candélabres trois fois la semaine. On fera des bouquets tant que les fleurs donneront. »

La charité fraternelle est l'objet d'une touchante attention de la part du Patriarche d'Assise. « Que les malades soient soignées avec amour, dit-il, et que toutes se manifestent réciproquement leurs nécessités en toute liberté, car, si une mère aime et nourrit sa fille selon la chair, avec combien plus d'affection chaque sœur doit-elle aimer et nourrir sa sœur selon l'esprit ! Que les malades couchent sur des paillasses et qu'elles aient sous la tête un oreiller de plumes. Et que celles qui ont besoin de sandales de laine ou de matelas, puissent en avoir ». S'il en est ainsi quand il s'agit de « frère âne », que sera-ce lorsque ce ne sera plus seulement le corps qui sera visité par la maladie, mais l'âme elle-même qui sera atteinte d'un mal bien plus grave : le péché. Il faut lire tout ce chapitre de la pénitence et le méditer pour comprendre de quelle sollicitude le Saint Fondateur veut qu'on entoure cette âme, comment au vin de la pénitence qu'il faut imposer à la coupable, il mêle l'huile de la douceur. Du reste, il juge la correction impuissante si l'on n'y joint pas ce qui seul peut la rendre efficace : la prière. Aussi bien toutes les sœurs doivent-elles intercéder pour la conversion de celle qui a eu le malheur de tomber dans le péché.

Quant aux austérités des Capucines, elles sont très dures. Elles prennent la discipline trois fois la semaine, marchent complètement nu-pieds excepté à la cuisine et au jardin où elles vont chaussées de petites sandales ; elles ne vivent que d'aumônes, et sauf les dimanches et le jour de Noël, jeûnent quotidiennement souvent au pain et à l'eau pour les veilles de fêtes, encore cette maigre réfection était-elle prise à genoux. L'abstinence perpétuelle était observée même par les malades en danger de mort (1). Toutefois, pour accoutumer à un jeûne si rigoureux les natures délicates qui lui étaient confiées, le P. Jérôme ne leur fit-il pratiquer cette pénitence que trois fois la semaine durant les trois premiers mois. Ce digne religieux montra vis-à-vis de ses filles spirituelles un dévouement sans bornes. Pendant deux ans il parcourut chaque jour par tous les temps, la longue distance qui séparait son couvent du faubourg St-Antoine, pour célébrer la sainte messe à la Roquette, confesser et instruire les novices, et parfois sans boire ni manger. L'année 1606 mit fin à de si excessives fatigues, en outre elle apporta au nouveau Couvent toute une série de fêtes religieuses.

Dès le mois d'avril, on baptisait les trois cloches du monastère (2) ; le dimanche 18 juin, Claude Coquelet, évêque de Digne, consacra l'église dédiée au Saint Sauveur ; les reliques de Sainte Olive, la compagne de Sainte Ursule, furent placées sous le maître-autel, tous les Capucins de la rue St-Honoré assistaient à la cérémonie. Le 29 juillet, sur la demande des princesses (3), le P. Raphaël d'Orléans, alors provincial, et le P. Ange de Joyeuse se rendirent à la Roquette. Après un examen sérieux, ils constatèrent que les novices demeuraient inébranlables en leur résolution de se donner à Jésus pour toujours et de le servir sous la bure franciscaine. Ils résolurent donc de faire la cérémonie de profession en même temps que celle d'introduction des religieuses au nouveau monastère dont ils bénirent les lieux conventuels le 1er août (An. des Cap.).

Le couvent des Capucines occupait à peu près la moitié de l'emplacement actuel de la Place Vendôme ; l'entrée se trouvait rue St-Honoré vis-à-vis le couvent des Capucins : elle donnait accès à une première cour dans laquelle s'élevait à droite l'église régulièrement orientée et construite parallèlement à la rue dont une seconde cour la séparait. Le cloître était situé au nord de l'église.

Le 9 août, à 2 heures de la nuit, la duchesse de Mercœur

---

(1) En 1617, ce point de la règle fut un peu atténué ; nous voyons en effet au Ch. du 10 février que, lorsque les malades sont autorisées à manger de la viande, nulle ne doit entrer dans leur chambre pendant qu'elles prennent leur repas. Ce même Chapitre nous apprend que les malades peuvent user des œufs sans dispense sauf pendant le grand carême (Ms. 31 de l'Institut).

(2) Ces trois cloches, exécutées par les soins de la duchesse de Vendôme, étaient destinées et nommées ainsi : la première destinée à la chapelle s'appelait Françoise, la seconde attribuée à l'infirmerie se nommait Bastienne ; la troisième, Marie, n'était autre que l'horloge (Malet).

(3) Les duchesses de Mercœur et de Vendôme.

envoya deux de ses carrosses à la Roquette pour en faire sortir les futures religieuses et les conduire à son hôtel où, dès le matin, les Capucins, au nombre de quatre-vingts, vinrent processionnellement les chercher puis les menèrent à leur église, où les attendaient le Cardinal Pierre de Gondi et son neveu (1), revêtus des ornements sacrés. Dès l'arrivée, on entonna le Psaume *Eructavit cor meum verbum bonum...*, on fit ranger les religieuses en demi-cercle dans le sanctuaire et pendant que les acolytes chantaient *Accipe lumen...*, on mit à la main de chacune un cierge de cire blanche. Le cardinal s'agenouilla au pied du maître-autel, entonna le *Veni Creator* et adressa aux sœurs une exhortation appropriée à la circonstance. Puis, au chant de l'antienne *Veni sponsa Christi, accipe coronam*, il plaça sur la tête des vierges franciscaines une couronne d'épines. Ensuite la procession se remit en marche vers le nouveau monastère. En tête marchait la Communauté des Capucins, puis les Filles de la Passion accompagnées chacune d'une princesse et suivies d'une grande foule de peuple, après venaient le clergé, les prélats ; les Pères Raphaël et Ange de Joyeuse fermaient le cortège. La procession entra à l'église des Capucines au chant du *Benedictus Deus Israel*. Les religieux se rangèrent en haie dans la nef et les religieuses dans le sanctuaire. Après le passage des prélats, elles formèrent à nouveau demi-cercle devant l'autel. Le Père Ange prit la bénédiction du Cardinal, monta en chaire et fit un sermon dont l'assistance — composée de la plus haute noblesse de France — fut extrêmement touchée. Ensuite le Cardinal célébra la messe conventuelle et communia les nouvelles vêtues. Après la cérémonie, celles-ci furent conduites à l'entrée de leur monastère où ayant reçu la bénédiction du Cardinal, elles entrèrent introduites par les princesses au chant du *Te Deum*.

Le même jour, on inhuma dans l'église des Capucines, sous une table de marbre du côté de la grille de communion le corps de Louise de Lorraine apporté de Moulins où il était en dépôt chez les Clarisses (2) et le cœur de Philippe, duc de Mercœur. Dès le lendemain, six frères tertiaires furent établis, en un couvent spécial, dans l'enclos des religieuses pour leur venir en aide.

(1) Henri de Gondi, évêque de Paris.
(2) Cf. Helyot. Lorsqu'en 1688 le corps de la reine fut transféré dans le nouveau monastère, on le trouva en entier et sans corruption (Ms Delamarre) ; ce Ms place la première translation au 27 mars 1608. La date ci-dessus indiquée semble plus vraisemblable.

Cette année 1606 fut encore marquée par la visite du R. P. Commissaire Général dès Capucins qui partit très satisfait du nouveau monastère.

Le P. Jérôme de Rouen, dont nous connaissons le zèle apostolique, cultiva avec un soin jaloux les jeunes plantes du jardin séraphique jusqu'au jour où elles furent jugées dignes d'être offertes définitivement au Seigneur. A ce moment, le P. Ange, gardien, aidé du R. P. Provincial, fit subir aux novices l'examen prescrit avant la profession. Ils trouvèrent en elles toutes les dispositions requises.

Afin de mieux préparer ces âmes au grand acte qu'elles allaient accomplir et d'attirer sur elles de plus amples bénédictions, le P. Ange voulut le faire précéder des Quarante-Heures.

L'adoration commença le 22 juillet 1607 en leur église ; le surlendemain le P. Gardien offrit le Saint Sacrifice de la messe, communia chacune des pieuses novices et, après leur avoir adressé une « sainte et très dévote exhortation », leur fit prononcer les vœux à haute voix. Pour cette solennité comme pour celle de l'année précédente, les épouses du Christ étaient ornées d'une couronne d'épines.

Dès lors, chacun voulut s'assurer la protection des Capucines, de tous côtés on se recommanda à leurs prières, les rois n'entreprirent rien de grand sans recourir à leur intercession (An. des Capucins)

Aux indicibles joies qu'elles venaient de goûter succéda bientôt pour les religieuses la tristesse et le deuil. En effet, dès l'année 1608 mourait leur fondateur, le P. Ange de Joyeuse (1) emportant avec lui toute la gratitude et l'affection de ces âmes qu'il avait menées à Dieu, auxquelles il avait enseigné la voie de l'amour et du sacrifice. Elles ne pouvaient oublier tous les labeurs que lui avait causé leur établissement. Au surplus, elles étaient redevables à l'illustre capucin d'une relique apportée par lui de l'Italie ; cette relique consistait en une partie de l'ongle de Sainte Claire (2). Aussi bien, comme témoignage de leur reconnaissance, elles voulurent posséder le cœur du défunt et le placèrent à côté de celui de Philippe de Lorraine (3).

(1) Le P. Ange de Joyeuse mourut à Rivoli le 28 septembre 1608. Son testament a été publié par le P. Ubald d'Alençon dans les *Et. Fr.* VI. 630.

(2) Malet.

(3) Ibid. — Neuf mois après la mort du P. Ange, lorsqu'on voulut séparer le cœur du corps pour le donner aux Capucines, on trouva ce cœur aussi frais et vermeil qu'il devait l'être au moment de la mort du religieux ; il fut alors exposé plusieurs

Le premier Chapitre des nouvelles religieuses se tint le 26 août 1611 sous la présidence du R. P. Léonard de Paris, provincial. Des seize moniales élues ce jour-là citons : la R. M. Agnès de Tours, abbesse, Sr Christine de la Flèche, vicaire, et Sr Françoise du St-Sauveur de Montargis, maîtresse des Novices. On décida à ce Chapître que les Capucines auraient pour Visiteur le P. Provincial des Capucins et pour confesseur le P. Gardien de la rue St-Honoré (1). Cette même année on composa une règle et des conditions pour les frères tertiaires au service des religieuses. Cette règle fut modifiée en 1677 par le P. Louis de Juilly, définiteur Général et provincial.

Au Chapitre des Capucins tenu en 1612, on décrète que les religieux et les religieuses accorderont réciproquement aux défunts des deux Congrégations les suffrages donnés habituellement à leurs morts.

Trois ans plus tard, les duchesses de Mercœur et de Vendôme sollicitent du Souverain Pontife l'autorisation de « mener chacune avec elle une femme ou fille séculière lorsqu'elles logent chez les Capucines ». La requête datée du 18 septembre 1615, couvent de l'Assomption, rue St-Honoré, porte — outre la signature des Princesses — celles des Pères Léonard de Paris, Provincial, Archange de Pembrocq, premier définiteur et gardien, Laurent de Paris, Paschal d'Abbeville et Bernardin de Fatouville. Paul V agrée la demande des Fondatrices à condition toutefois que les susdites personnes ne séjournent pas plus d'un jour et une nuit (2).

jours à la vénération des fidèles, puis enfermé dans un reliquaire d'or recouvert de cristal ; la translation eut lieu le 11 juin 1609. — *Vie du R. P. Ange de Joyeuse, Duc, Pair et Maréchal de France, Gouverneur du Languedoc*, O. F. M. C., par un religieux du même Ordre. Paris, Poussielgue, 1863.

(1) En 1766, le R. P. Paul de Colindres, Général de l'Ordre enfreint lui-même cette coutume en donnant aux Capucines le P. Ambroise de Lombez comme confesseur. Ce religieux appartenait à la Province d'Aquitaine ; envoyé à Paris avec le titre de Commissaire Général pour réformer quelques abus, il ne resta que dix-sept mois dans la capitale. Peu de jours avant son départ, le 9 juillet 1766, les religieuses lui témoignèrent, par une lettre collective, leur reconnaissance et aussi les regrets éprouvés par son rapide départ (Cf. J. Bénac., *P. Ambroise de Lombez*. Paris-Couvin. 1908, p. 42).

(2) *Annales des Capucins*, p. 303.

§ II

LES CAPUCINES
S'ÉTABLISSENT EN D'AUTRES VILLES

Les Filles de la Passion sont à peine établies à Paris et déjà nous voyons leur bonne réputation répandue dans presque toutes les parties de la France, en Picardie, en Touraine et jusque dans le midi.

En effet, dès cette même année 1615, les Cordelières d'Amiens — dont la règle était alors relâchée — embrassent avec l'approbation du Souverain Pontife, la nouvelle réforme. Le 3o janvier, le R. P. Léonard de Paris, accompagné de son secrétaire le P. Mathieu de Paris et du P. Jérôme de Rouen, gardien d'Amiens, tient le premier Chapitre ; il nomme Sœur Marie Croquet abbesse et le P. Fulgence de Paris « homme très religieux et très spirituel », directeur de la communauté (1).

En 1620, quatre des religieuses de Paris essaiment à Tours, ce sont les sœurs Marie de Tours, Claire de Tours, Agnès de Ste-Colette et Pacifique de Paris. Les deux premières avaient été élues discrètes au Chapitre de 1611 ; Sœur Marie de Tours avec la charge de sacristine, la seconde avec celle de communautière du linge. Sœur Agnès était une des douze premières religieuses d'après l'historien Malet.

Le couvent était situé près de la rue de l'Arsenal et de la rue de la Bourde. Les Capucines y furent établies le 23 septembre par Marie de Bragelonne, veuve de Claude Bouthillier (2), mais cette fondation était due à la duchesse de Mercœur comme le prouve une lettre de Mgr. Bentivoglio au Cardinal Borghèse, datée de Tours du 16 juillet 1619 (3).

Quelques années plus tard, Marseille reçoit à son tour trois des premières Capucines françaises. Voici dans quelles conditions.

La baronne d'Allemagne, bien connue sous le nom de Marthe

---

(1) *Annales des Capucins.*

(2) En 1790, les Capucines étaient 25, elles avaient pour abbesse Louise Françoise Chaussepied. L'église existe encore. Cf. Carré de Busserolle. *Dict Géog. hist. et biogr.* d'I. et L. 1879., T. VI. pp. 190 et 284.

(3) *Lettere di Mgr Bentivoglio al Card. Borghese* p. p. L. de Steffani. Firenze 1863-1870. T. III. p. 402.

d'Oraison (1), étant devenue veuve, voulut entrer chez les Capucines. Elle s'adressa à la mère abbesse du monastère de Paris ; celle-ci lui répondit que les constitutions défendaient l'admission des veuves ; en revanche elle lui proposait de fonder une maison du même Ordre en Provence. La baronne accepta cette proposition et, de concert avec sa fille, la Marquise des Arcs, elle posa la première pierre du nouveau couvent à Marseille le 16 juillet 1623. Lorsque tout fut prêt, elle vint quérir à Paris les religieuses destinées à la fondation de cet établissement : c'étaient les sœurs Agnès de Tours, première abbesse du couvent de Paris, envoyée également comme abbesse à Marseille, Bonne de Paris et Félicienne d'Amiens. Parties le 23 avril 1626, elles n'arrivèrent à Marseille que trois mois plus tard ; une maladie survenue en cours de route à la sœur Agnès de Tours compliqua quelque peu le voyage.

La baronne d'Allemagne fit tant d'instances qu'on finit par la recevoir le 19 juillet comme postulante, sous le nom de sœur Marie. Il lui déplaisait cependant de rester dans ce couvent dont elle était la fondatrice, elle s'en vint donc frapper à celui de Paris, mais là elle trouva la Mère abbesse inflexible et l'entrée du monastère lui fut refusée. La pauvre sœur quitta l'habit et se réfugia dans une famille pieuse ; elle envoyait souvent de généreuses aumônes aux Capucines de Paris. Lorsqu'elle mourut, en 1627, à l'âge de 36 ans, elle fut enterrée en habit de novice en leur monastère. Le P. Raphaël de Clé prononça son oraison funèbre.

Le couvent de Marseille rivalisait de sainteté avec celui de Paris, la vie de ses moniales est remplie de traits merveilleux. Qu'il me soit permis d'interrompre un instant le cours de mon récit pour faire connaître au lecteur quelques-unes de ces religieuses dont trois venaient de Paris.

Agnès Barantin, fille d'un magistrat, était chargée de l'éducation de la fille de la marquise de Maignelay, douée de plusieurs talents, elle était par contre affligée de graves infirmités qui mirent obstacle à son projet de suivre sa sœur Claire au faubourg Saint-Antoine lors de la fondation des Capucines, quand tout à coup Dieu la guérit. Elle rejoignit sa sœur à la Roquette avec bonheur. Première abbesse de Paris, puis maîtresse des novices, elle exerça la charge d'abbesse à trois reprises diffé-

---

(1) Cf. *Annales Franciscaines*, T. I et *Vie des Premières Capucines de Marseille*.

rentes au monastère de Marseille. Le dimanche de l'octave des Rois de l'année 1650, elle tomba malade et rendit son âme à Dieu le 17 février suivant à l'âge de 76 ans. Des mortifications extraordinaires et un grand esprit de pénitence sont le cachet de sa vie religieuse.

Anne du Jardin appartenait par son père à l'une des plus nobles familles du Hainaut, par sa mère à celles de Molé et de Marquemont. Malgré les instances de sa famille, elle reçoit l'habit de Capucine des mains du P. Ange de Joyeuse le 30 mai 1607, à 19 ans, prononce ses vœux le 30 mai suivant et prend le nom de Sœur Bonne. Elle fut tour à tour infirmière, maîtresse des novices, trois fois abbesse. Elle composa pour ses novices un alphabet de la Croix dont chaque lettre était l'initiale d'une maxime d'amour envers Jésus-Christ ou sa croix. Le Cardinal de Marquemont, son cousin, voulut la faire venir à Lyon, dont il était archevêque, pour y fonder un monastère de Capucines, elle s'y refusa. Elle mourut de la pierre à Marseille le 14 janvier 1652. Sœur Bonne du Jardin était favorisée de visions et du don des miracles. Après sa mort elle guérit une poitrinaire Sœur Geneviève de Paris, Capucine à Marseille.

L'attestation de cette guérison miraculeuse est signée du Docteur Fresquière en date du 27 janvier 1675 (1).

Louise Vestu, fille de Pierre Vestu, seigneur de Contancy Prévost des maréchaux d'Amiens, et d'une mère hérétique qui se convertit et se consacra à Dieu après son veuvage dans le monastère de Saint Estienne de Reims, naquit le 25 décembre 1592. Elle apprit le latin avec ses frères dont deux se firent Capucins, reçut elle-même l'habit de Capucine le 12 août 1612 et prit le nom de Sœur Félicienne; quatre ans après sa profession elle est élue discrète. A Marseille elle occupe simultanément le poste de Vicaire et de Maîtresse des novices, puis celui d'Abbesse.

A côté de ces religieuses, fondatrices en quelque sorte du Couvent de Paris et de celui de Marseille, citons quelques unes de celles qui se recrutèrent en cette dernière ville et dont la vie présente quelque trait notable.

Françoise d'Aguillenqui née à Aix le 17 février 1602, descendait par sa mère de la famille de Pontevès. Dès l'âge de huit ans l'enfant s'adonnait à de grandes mortifications. Elle se rend à Marseille aussitôt l'arrivée des mères de Paris et se fait Capucine

____

(1) Bibl. Ste Geneviève. n° 1919. sup. H in 4° 573.

sous le nom de Sœur Agnès. Elle jouit du don de prophétie et de fréquentes extases, elle goûte le bonheur de recevoir des mains de la Très Sainte Vierge le Divin Enfant Jésus. Enfin Sœur Agnès d'Aguillenqui fut stigmatisée intérieurement, c'est-à-dire, nous dit la biographe, qu'elle ressentit en son corps les douleurs de la Passion du Sauveur sans qu'il en parut rien au dehors. L'âme de cette sainte religieuse s'envola vers Dieu le 18 juin 1672.

Sœur Chérubine d'Aix, de la Maison de Joannis. Après une jeunesse fort mondaine, elle s'évade de la maison paternelle pour entrer chez les Capucines de Marseille. Décédée le 9 janvier 1685, plusieurs guérisons furent obtenues par son intercession.

Sœur Catherine d'Arles, de la maison de Nicolaï. Tandis qu'elle était Abbesse, Louis XIV prit le couvent pour agrandir l'arsenal de Marseille et concéda aux religieuses plusieurs maisons choisies pour elle par le Provincial des Capucins de cette ville. Elles y entrèrent le 6 avril 1683. Ce qui peina beaucoup la Mère Catherine ce fut le transfert des ossements des Sœurs défuntes dans le caveau creusé à cet effet chez les Capucins. Elle mourut le 25 avril 1684 à l'âge de 75 ans dont 53 de vie religieuse. On lui attribue également plusieurs guérisons. (1)

Non seulement la noblesse de la cour se plaisait à visiter les Capucines et à fréquenter leur chapelle, mais la reine elle-même honorait de sa présence les humbles religieuses. Le 24 décembre 1618, elle assista, en leur église, à un sermon prêché par S. François de Sales. Les grands ne manquaient jamais l'occasion de donner aux Filles de la Passion des témoignages non équivoques de la vive affection qu'ils leur portaient. Le Duc de Créquy (2) étant possesseur du corps de S. Ovide, martyr, poussa la générosité jusqu'à se dépouiller de cette précieuse relique en faveur des Capucines.

Voici tout au long comment les *Annales des Capucins* racontent le fait :

« Don et apport du Corps de S. Ovide par Monsieur le Duc de Créqui, Ambassadeur à Rome et donné aux Capucines du monastère de Paris par ledit seigneur.

« Le 17 août 1665, est apporté de la part du Duc, aux Capucines le corps de S. Ovide, martyr. Le 20 un des grands vicaires de Mgr Perefix, Archevêque de Paris et M. Petit, secrétaire de

---

(1) Vie des Premières relig. Capucines de Marseille.
(2) Charles, Duc de Créquy, mourut le 13 février 1687 dans sa 63ᵐᵉ année et fut inhumé aux Capucines (*Mercure galant*, 1687, février).

Mgr, M. Renaudot, médecin des religieuses, M. Perducat, chirurgien, Frère Hilarion de Paris, infirmier de la rue Saint Honoré, le R. P. Jérôme de Sens, confesseur des Capucines et son compagnon, se rendirent au Couvent à la requête de M. de Créqui qui s'y rendit aussi. Le corps posé dans le chœur des religieuses sur une grande table, l'ouverture de la caisse se fit en présence de la Mère Marie de S. Jean, abbesse (1), et de toutes les sœurs ; on trouva le squelette entier ! Etant ambassadeur de Louis XIV à Rome, le duc reçut ce cadeau du Cardinal Mancini qui le possédait depuis plusieurs années ; le duc le donna pour marquer l'affection qu'il portait aux religieuses (2).

« La caisse, longue de six pieds, doublée dedans et dehors de taffetas cramoisi rouge ; le squelette est entier, la tête entière, dans la bouche les dents bien rangées, au côté de la tête paraît un coup de sabre qui semble encore récent et quelques autres blessures, il est revêtu d'un justaucorps de moire d'or et incarnat, de chaussures de même étoffe en manière de bottines ouvertes. Les médecins jugent qu'il a été martyrisé à 28 ou 30 ans. Il a été tiré du cimetière de Saint-Cyriaque à Rome, environ treize cents ans après son martyr. »

La translation de cette relique donna lieu à des cérémonies qui durent être très belles mais dont cependant je n'ai pu trouver que peu de traces.

Le cantique suivant fut chanté à cette occasion et probablement aux solennités qui lui succédèrent, car chaque année la fête de S. Ovide, célébrée le 31 août et l'octave dont elle était suivie amenaient au Couvent un grand concours de peuple.

« *Cantique spirituel* [s]ur l'arriuée du corps de saint Ouide, martyr, apporté de Rome par M. le Duc de Créquy : et porté aux RR. et très dignes Religieuses Capucines, avec tout ce qui s'en est ensuivy.

Sur l'air : *Un iour le Sauveur du monde.*

Courons chrestiens aux Capucines
Chanter les loüanges divines :
Faut inuoquer Dieu et ses saints,

(1) Jeanne Le Sec, née à Paris, entrée aux Capucines en 1633, mourut le 8 janvier 1691 à soixante seize ans d'âge et cinquante neuf de religion (m s. Delamarre).
(2) D'après Thierry, il l'aurait reçu du Pape Alexandre VII en 1665. *Guide des amateurs et étrangers voyageurs à Paris.* Paris 1786. T. I.

Suppliant le grand S. Ouide,
Puisqu'il guerit les inualides :
Et qui rend les malades sains.

Vne bonne Religieuse,
D'une deuotion pieuse,
Supplia cet amy de Dieu,
Qui ayant ouy ses prieres,
Luy donna guerison entiere,
Comme ie vais dire en ce lieu.

Depuis vne année et demie :
Elle auoit la voix affoiblie,
Et non pas la deuotion,
Car dès-lors qu'elle fut guerie :
Elle chanta par mélodie;
Ce beau cantique: *Te Deum*.

Ses compagnes bien s'estonnerent :
Et à genoux se prosternerent
Pour remercier l'Eternel;
Qui quand il veut fait des miracles,
Et de ses saints fait des Oracles
Leur donnant vn los immortel.

Comme il a fait à S. Ouide.
Qui des bons Chrestiens est la guide,
Pour les mener au firmament:
Car ce grand saint par ses prieres
Nous veut rendre la Vierge Mere
Fauorable au dernier moment.

On a apporté ce S. homme
De la grande Ville de Rome,
Et maintenant pour le certain
Il repose aux Capucines,
Là où vn chacun s'achemine,
Pour le voir le soir ou matin.

Le corps de ce saint personnage
Fut donné par un homme sage :
C'est le Cardinal Manchiny;
Qui honorant le Roy de France,
Le présenta pour asseurance,
A M. le Duc de Crequy.

> Promptement et en diligence
> Il le fit apporter en France :
> Et puis il en fit vn present
> A ces bonnes Religieuses.
> Tres sages zelées et pieuses
> Qui le receurent humblement.
>
> Deux cens Capucins en bon ordre,
> Avec deux chevaliers de l'Ordre
> Deuots furent en Procession
> Droit aux Feüillans, ie vous asseure,
> Où d'une volonté tres pure,
> Firent voir leur deuotion.
>
> La Procession estant faite,
> Monseigneur de Soissons s'appreste
> A faire vn excellent sermon :
> Ou bien de ce grand S. l'Eloge,
> Où il fut vne heure d'horloge
> Pour publier son grand renom.
>
> Apres cela la renommée
> Tout par tout Paris est volée
> Des faits merueilleux et des dits
> De cet excellent personnage,
> De ce grand Saintdeuot et sage
> Qui bien séjournes en Paradis.
>
> Chrestiens addressons nos Prieres
> A ce grand Saint très débonnaire :
> Qui est si bon amy de Dieu,
> Que sans cesse il nous protege,
> Et nous veüilles garder des pieges,
> Du diable en toute place et lieu (1).

En terminant l'histoire de ce premier monastère des Capucines, ajoutons qu'une congrégation du Tiers-Ordre de la Pénitence était érigée en sa chapelle ; le registre des professions et vêtures qui se trouve à Carnavalet, ms 5710 (2) renferme les actes de renouvellement de profession de Sœur Françoise Marie

(1) A Paris. chez Edme Redouté, rüe des Amandiers, proche le Collège des Grassins. M. D C. L X V. *Avec Permission* (Bibl. franc. prov. n° 724).

(2) Ce registre provient de la Congrégation du T.-O. établie au grand Couvent des Cordeliers de Paris.

de Rougemas ditte des Stigmates de S. François, femme de M. Chevallier, professe de la congrégation des Capucines daté du 28ᵐᵉ septembre 1669 et celui de Jeanne Geoffroy ditte de S. Roch, femme de M. Remond daté du 30 novembre de la même année.

§ III

TRANSLATION DU COUVENT.

Les Vierges Capucines vivaient ainsi loin des bruits du monde uniquement occupées de la gloire de Dieu et du salut des âmes, lorsque Louis XIV, conseillé par Louvois, décida de créer une place immense destinée à faciliter les communications entre la rue Neuve des Petits champs et la rue Saint-Honoré. Or, il fallait pour réaliser ce projet, abattre complètement le monastère des Capucines. Toutefois le roi, voulant respecter la fondation de Louise de Lorraine, offrit aux religieuses de leur faire bâtir un autre couvent dans le même quartier. Elles acceptèrent cette proposition et le 9 juillet 1686, on posait la première pierre du nouveau monastère. La construction en fut confiée à l'architecte François d'Orbay (1).

Le couvent édifié au nord de la place s'étendait depuis les rues Neuve des Petits champs et Neuve des Capucines, jusqu'au boulevard.

En voici la description.

Le bâtiment principal formait un vaste cloître, dont l'aile septentrionale se prolongeait de deux côtés sur le jardin et occupait le milieu de l'enclos. Les cellules étaient boisées et les cloîtres vitrés. L'église orientée au nord avait son chevet adossé au cloître. Sa façade formait l'une des perspectives de la place (2).

Cette église, en forme de rectangle très allongé, se divisait en deux parties à peu près égales : le chœur des religieuses et la nef entre lesquels se trouvait le sanctuaire.

Le maître-autel était orné d'une Descente de Croix de Jou-

(1) Il était élève de Le Vau, il mourut en 1697. Thierry. *Guide des Voyageurs à Paris.*

(2) En 1722, Vasse en décora le portail par des sculptures assez simples mais de belle exécution. Malheureusement, cette partie de l'édifice fut construite si négligemment qu'en 1775 on avait déjà dû la reprendre trois fois en sous œuvre depuis les fondements jusqu'à huit et dix pieds de hauteur au-dessus du palier du perron. Dès l'année 1756, du reste, il fallut reprendre tout le portail, toute l'église et démolir entièrement les mausolées des chapelles.

venet (1). De chaque côté de la nef, quatre chapelles désignées — sauf celle de S. Ovide où reposait le corps de ce martyr — par le nom des familles auxquelles elles étaient concédées, étaient ainsi disposées : à droite, les chapelles d'Armagnac, de S. Ovide (2), de Créqui et de Noailles (3) ; à gauche, celles de Caumont, de La Vallière, de Louvois et de Chabannais. Des peintures de divers auteurs décoraient cette église. Alexandre Lenoir nous a dressé la liste de ces œuvres (4) avec le nom des artistes. La voici :

MICHEL CORNEILLE FILS. — Une jeune fille se dévouant au cloître.

» Une jeune fille recevant l'habit religieux de la main des évêques.

JEAN JOUVENET. — Martyre de saint André.

FRANÇOIS VERDIER. — Une mère de douleur.

» Un Ecce homo.

LOUIS CHÉRON. — Le martyre de saint Ovide.

FRANÇOIS BOUCHER. — Saint Jean dans le désert.

PAUL MATTEI. — Jésus lave les pieds de ses apôtres.

Lenoir ne garantit pas l'authenticité de ce dernier tableau.

(1) Lorsque ce tableau fut transporté à l'Académie royale de peinture on le remplaça par une copie du même sujet de Restout. Vis à vis de l'autel se trouvait une porte percée de vitres au moyen de laquelle la marquise de Pompadour pouvait, sans être aperçue, entendre la messe d'un appartement qu'elle occupait dans le couvent.

(2) Jouvenet peint pour cette chapelle un tableau représentant le martyre du saint. (Thierry, *Guide des amateurs et des étrangers voyageurs à Paris*.) Alexandre Lenoir voit dans ce tableau la représentation du martyre de S. André. C'est sous ce titre qu'il le désigne dans son catalogue hist. et chron. de peintures et tableaux réunis au dépôt national des monuments français, adressé au comité d'instruction publique le 11 vendémiaire an III. *(Cf. Bull. archéologique publié par le comité hist. des arts et monuments. T. III. 1844-1845.)*

(3) La chapelle de Noailles fut cédée à Mme de Pompadour. Elle y reçut la sépulture ainsi que sa fille. Le mausolée fut construit sur l'emplacement de la porte, par laquelle la marquise suivait le saint sacrifice.

Mme de Pompadour (Jeanne Antoinette Poisson) née à Paris, le 29 décembre 1721, épousa Charles Guillaume le Normand d'Étioles. Louis XV racheta pour elle au prince de Conti le titre du marquisat de Pompadour. Le tabouret et les honneurs de duchesse furent accordés à la marquise le 18 octobre 1752, mais elle n'en jouit que le 8 février 1756. Cette femme peu estimable mourut à Versailles. le 15 avril 1764. Elle fut inhumée sans aucune pompe en l'église des Capucines.

Sa fille Alexandrine mourut à Paris, le 5 juin 1754, à l'âge de 11 ans.

Françoise Marguerite du Plessis de Chivré, femme du duc de Gramont, pair et premier maréchal de France, posséda elle aussi un logement aux Capucines où elle avait coutume de se retirer. La duchesse de Gramont mourut en mai 1689. *(Mercure Galant. May 1689).*

(4) Opusc. cit.

Deux petits corps de logis adossés à l'église s'élevaient en bordure sur la rue ; à droite du couvent se voyaient le logement et le jardin des Frères quêteurs.

Puisque nous avons parlé des tableaux et œuvres d'art, disons qu'en 1756 le marquis de Marigny commandeur des ordres du roi fit restaurer seize de ces tableaux, dont :

La Résurrection, de Coypel (11 pieds 8 pouces sur 7 pieds). — N.-S. devant Pilate (7 pieds sur 5). — Le Christ portant sa croix. — La Madeleine (5 pieds sur 6). — S. Louis à genoux « en forme de vantaux pleins de figures » (7 pieds sur 6). — Le Calvaire (8 pieds sur 6).—Le martyre de S. Ovide (7 pieds sur 5).

La descente de croix, de Jouvenet. Après la restauration de ce dernier tableau « qu'on croyait être ruiné », on ordonna de le transférer au cabinet du roi ; puis on chargea Restout d'en faire une copie de la même grandeur pour remplacer l'original. Tous les frais montèrent à 2400 livres (1).

Les religieuses prirent possession de leur nouvelle habitation par un acte passé devant MM. Mouslet et Caillet, notaires au Châtelet de Paris, le 19 avril 1688. Entre autres signatures cet acte porte celles de la M. Geneviève de la Présentation, Abbesse, du P. Anian de Paris (2), Supérieur, de Messire Ciprian Besnard de Rezé, conseiller du Roi, père temporel des religieuses (3). Le 13 juin 1689 (4) des lettres patentes enregistrées au Parlement confirmèrent leur établissement à Paris en les autorisant à s'installer dans le couvent bâti aux frais de Louis XIV. Les Capucines y entrèrent le 2 juillet, fête de la Visitation.

Au point de vue du bien-être, ce monastère qui ne coûta pas moins de 3oo.ooo écus, était de beaucoup supérieur au premier. Les constructions plus régulières et plus spacieuses étaient aussi plus confortables, mais il en coûta aux pauvres Sœurs d'abandonner leur premier asile auquel tant de souvenirs les rattachaient. Avant de le quitter, elles durent en baiser les murs et arroser de leurs larmes les dalles de la chapelle où s'étaient agenouillées les premières Capucines françaises.

A la pointe du jour, le ministre Louvois met, depuis la porte

(1) Archives nationales. O₁ 1292A. Dossier Godefroid.

(2) C'est le P. Aignan de Paris.

(3) Le 19 avril 1698, les Capucines cèdent au roi la nue propriété de leur ancienne maison. En retour, Louis XIV s'engage à l'entretien du couvent et à ce qu'aucun bâtiment construit sur les places appartenant à Sa Majesté, ne puisse être adossé « aux murs dudit monastère et jardins d'iceluy, ni y avoir de veues ».

(4) Lobineau. *Hist. de la Ville de Paris.*

de l'ancien monastère jusqu'à celle du nouveau, deux compagnies d'invalides formant haie. A quatre heures du matin, huit prêtres capucins en habit de diacres transportent la châsse de S. Ovide à la nouvelle résidence; les Frères tertiaires, un cierge de cire blanche à la main, tous les religieux du couvent Saint-Honoré, le Provincial et les Définiteurs leur font cortège : les religieuses malades sont placées dans des chaises à porteur, les autres marchent deux à deux couvertes de leur long voile noir. Officiers et soldats clôturent la marche. Le P. Jérothée de Paris, Provincial, reçoit les Capucines à leur arrivée au nouveau couvent et commence la procession autour du cloître; de là on se rend au chœur où le P. Provincial entonne le *Te Deum*. Cet hymne terminé, il chante le *Veni Creator*, récite quelques prières et célèbre les saints mystères, puis bénit le couvent. L'église, dédiée comme la première au S. Sauveur (1), avait été consacrée par Mgr François Bataillier, évêque de Bethléem (2).

Vers onze heures, la marquise de Louvois, représentant la fondatrice, entre au chœur accompagnée de plusieurs dames pour entendre la Messe; ensuite elle dîne en compagnie des religieuses, tandis que les religieux prennent leur repas au réfectoire des malades. Après le dîner, la marquise visite le ⎪monastère, embrasse chacune des religieuses, puis les conduit à leur cellule.

Enfin les parentes des Capucines sont admises à leur donner un dernier baiser avant que la clôture ne soit définitivement prononcée.

Jusqu'à la Révolution, ce couvent, à l'instar des pays heureux, ne possède point d'histoire.

D'après le *Mercure Galant* (avril 1702) il y eut dans l'église des Capucines l'abjuration de Madame Grœmer, femme du général Grœmer, et de son fils. L'un et l'autre étaient mère et frère du P. Archange d'Écosse converti en 1694 et frère mineur (capucin) en 1698.

L'année 1783 fut marquée par un fait qui mérite d'être signalé : le passage du corps de sainte Colette en ce monastère.

Depuis plus de trois siècles — sauf la période comprise entre les années 1577-1586 pendant laquelle les filles de sainte Colette se réfugièrent à Arras, tandis que l'hérésie ensanglantait les

(1) Le 29 août 1689, cette église fut dédiée à S. Louis, en mémoire des bienfaits de Louis XIV.

(2) Mgr François Bataillier était Capucin. Sa bulle d'élection est du 15 juin 1664. Ce prélat, mourut le 20 juin 1701.

Flandres — les Colettines conservaient à Gand le corps de leur sainte Fondatrice (1), lorsqu'en 1783, Joseph II d'Autriche prononça l'édit par lequel religieux et religieuses se trouvaient chassés des Pays-Bas.

Le prince de Lobkowil, évêque de Gand, voulant mettre la précieuse relique à l'abri, ne trouva rien de mieux que de l'offrir à Madame Louise de France (2). La princesse envoya M. Reymond, abbé de Saint - Sulpice, chercher son trésor. Malgré de nombreuses difficultés, les Colettines quittèrent Gand à l'automne de l'année 1783, s'arrêtèrent à Lille, Doulens, Chantilly et arrivèrent enfin à Saint-Denis le 1er octobre. Mais là ne se termina point leur voyage, car la princesse ne voulut point que les filles de sainte Colette fussent privées de la possession du corps de leur sainte mère, elle en fit don aux religieuses de Poligny. Il fallut donc repartir pour la Franche Comté.

En passant à Paris, la petite colonie ne pouvait manquer de faire une visite aux Capucines. Elle y fut reçue par le T. R. P. Provincial des Capucins. La Mère Abbesse du monastère ouvrit la porte de la clôture aux émigrantes, et accompagnée de toute la communauté, les conduisit processionnellement au chœur. Les Colettines demandèrent à M. Reymond l'autorisation de célébrer la Saint-François en ce couvent, cette permission leur fut accordée à la grande joie de toutes les moniales. Chaque nuit, les Capucines veillaient tour à tour auprès de la châsse de sainte Colette. Le jour fixé pour le départ arriva et le 8 octobre, Capucines et Colettines se séparèrent non s'en s'être donné les marques d'une mutuelle affection (3).

(1) Sur cette sainte cf. Alphonse Germain. *Sainte Colette de Corbie*. Paris, Poussielgue. Couvin, Maison Saint Roch et par dessus tout *Les Vies de Ste Colette*, que vient de publier le R. P. Ubald d'Alençon. Paris, Picard, 1911. in-8º de LIV-306 p. (Arch. franciscaines, nº 4.) Œuvre de S. François d'Assise, Maison Saint-Roch, Couvin.

(2) Madame Louise de France, septième fille de Louis XV et de Marie Leczinska, naquit à Versailles le 15 juillet 1737. Elle entra au Carmel de Saint-Denis, le mercredi 11 avril 1770, sous le nom de Sœur Thérèse de saint Augustin ; elle prit l'habit le lundi 10 septembre suivant. Elle fut élue abbesse en novembre 1773 et mourut le 23 décembre 1787. (cf. Geoffroy de Grandmaison, *Madame Louise de France. La Vénérable Thérèse de saint Augustin*. Paris, 1907. Collection *Les Saints*.

(3) Pendant la Révolution, la Sœur Constance Parpandet parvint à cacher la précieuse relique au prix de mille ruses et d'un courage surhumain ; ne pouvant plus garder elle-même ce précieux trésor, elle le confie à une famille chrétienne en 1794. La sainte relique subit encore plusieurs translations secrètes jusqu'au 6 mars 1804, jour où elle fut apportée solennellement à l'église paroissiale *(Auréole de Ste Claire)*. Elle est aujourd'hui chez les Clarisses de Poligny.

A quelque temps de là, lorsque l'abbé de Saint-Sulpice fut de retour à Saint-Denis, les Clarisses d'Ypres l'informèrent qu'elles devaient elles aussi quitter la Belgique. M. Reymond fit immédiatement connaître cette lettre à Madame Louise et au Provincial des Capucins de Paris (1). Déjà deux religieuses de Tournay avaient été recueillies chez les Filles de la Passion. Le P. Provincial proposa aux Capucines d'agréger les émigrantes ce qu'elles acceptèrent avec bonheur (2).

Immédiatement l'acte d'agrégation fut rédigé puis expédié à Ypres. Lorsque les religieuses belges, au nombre de douze, arrivèrent au monastère, la Mère Abbesse et les « anciennes » leur offrirent des palmes de laurier et leur mirent une couronne de fleurs sur la tête, ensuite on se rendit au chœur au chant du psaume *In exitu*.

Le 21 juin 1784, dans une cérémonie très solennelle eut lieu la rénovation des vœux. Après la messe, le P. Emmanuel, Provincial, prononça le discours, puis les Sœurs changèrent de nom pour marquer qu'elles appartenaient au monastère.

Le 26 septembre suivant, les Capucines recevaient des mains de M. Reymond, les corps de deux saints offerts par Madame Louise de France en témoignage de son admiration pour la générosité des Religieuses envers les exilées. La princesse tenait ce précieux trésor du Prince évêque de Gand (3).

On s'étonnera peut-être que des religieuses vouées à la plus stricte pauvreté aient accepté de recevoir en leur monastère un nombre en somme assez respectable, de sujets qui aux yeux du monde, n'apportaient que la perspective de privations plus grandes. Les Capucines, elles, ne calculaient point de la sorte, elles mettaient leur confiance en la Divine Providence et savaient

---

(1) Ces Clarisses belges ne sont pas les mêmes que les Capucines de la Congrégation de Bourbourg. Fondé en octobre 1614, par Madame veuve Maës et le R. P. Augustin de Béthune, Gardien des Capucins de Saint-Omer, approuvé par un bref du Pape Paul V, en date du 2 juin 1618, l'Institut se développa rapidement surtout dans les Flandres. La maison d'Ypres datait de l'année 1685, la sainte messe fut célébrée le 8 décembre dans la chapelle du couvent.

Ces Capucines observaient la Règle du Tiers-Ordre Régulier avec des constitutions rappelant celles des Capucins. (Cf. Parenty, chanoine d'Arras. *Vie de Madame Maës, née Taffin du Hocquet, nommée en religion Sœur Françoise de saint Omer. Fondatr. de la Réforme des Religieuses de la Pénitence dites Capucines.* Lille. Lefort 1841 ; Apollinaire de Valennce. *Hist. des Capucines de Flandre*).

(2) Guérin. *Auréole de sainte Claire.*

(3) Cf. Élie Harel. *Hist. de l'émigration des Religieuses supprimées dans les Pays-Bas.* Bruxelles, 1784.

par expérience avec quelle bonté Dieu pourvoit aux besoins de ses enfants

Quelques pièces conservées aux Archives Nationales de Paris (1) et à la Bibliothèque Carnavalet (2), nous fournissent du reste plusieurs détails sur les dons et legs faits aux Capucines et nous renseignent par conséquent sur leurs ressources pécuniaires.

Voici tout d'abord, daté du 28 juillet 1744, un « Estat des sommes que les Dames Religieuses de la Passion, dittes Capucines du monastère estably à Paris, rue Neuve des Petits champs, près la place Louis le Grand, ont a recevoir tous les ans et dont les quitances doivent estre signées par leur sindic temporel. » En voici le sommaire :

De M. Palerne de la Madelaine... la somme de cinq cents livres pour la grattification accordée par Mgr le Duc d'Orléans, aux Religieuses Capucines :   500 l.

De M. Trumeau... la somme de trois cents livres pour galères de la somme de six mille livres léguée par feu S. A. Melle de Guise, aux Capucines pour sa sépulture en leur église et qui est ordinairement payée par aumône en attendant le remboursement :   300 l.

Quatre cents livres (3) pour un legs fait par feu Mme Françoise de Loraine, Duchesse de Vendosme, par son testament aux Capucines pour beure, bois, chandelles et autres necessitez de leur monastère :   400 l.

De M. Taboureau d'Orval... quatre cents livres ordonnées par S. M., aux Capucines pour l'entretien du jardin de leur monastère, laquelle somme se paye par quartiers :   400 l.

De S. A. Mme la Duchesse du Maine... deux cent seize livres huit sols pour et au lieu de quatre minots de sel à prendre dans les greniers à sel d'Anet suivant le testament de Mme la Duchesse de Vendosme :   216 l. 8 s.

216 l. 8 s.
____
1816 l. 8 s.

Ce même jour, 28 juillet 1744, Sœur Anne de l'Assomption,

____

(1) Carton S. 4650.

(2) N. A. 40.

(3) Cette somme fut payée jusqu'au 31 décembre 1751. En outre la Duchesse avait coutume d'offrir chaque année un repas aux Capucines. Les héritiers de la princesse évaluèrent à 60 l. la somme affectée à ce repas et donnèrent annuellement cette aumône aux religieuses jusqu'à la même époque.

Abbesse, donne pouvoir à M. Billeheu, notaire à Paris, sindic temporel — nommé par le P. Théodose de Paris, Provincial — de remettre au Fr. Joseph Marie, premier quêteur, les quittances pour qu'il en reçoive le montant.

Outre ce revenu annuel, je trouve dès l'année 1650, le 7 août un testament de la Marquise de Maignelay, léguant 10.000 livres aux Capucines.

Plus tard en 1728, un testament de Mme de Mercœur, daté du 8 juin, ordonnant que le jour de sa mort, il soit donné 200 livres pour des prières en faveur de son père, sa mère et elle-même ; que deux cents messes soient célébrées aux Capucines pour le repos des trois mêmes âmes ; enfin que pendant dix ans il soit versé annuellement 50 livres aux dites religieuses, lesquelles prieront pour l'âme de leur donatrice et celle de sa mère (1).

En novembre 1748, il leur est accordé une exemption de droits d'entrée pour vingt muids de vin (soit cinquante deux hectolitres), supplémentaire à l'exemption des trente muids dont elles jouissent déjà.

Le 14 septembre 1755, le capitaine hollandais David Thorman se défait en leur faveur d'un titre de 300 l., dont S. A. R. Mme Louise Elizabeth de France, paye la somme de six mille trois écus deux livres dix sols, dûe pour couvrir les frais de transfert de cette rente ; elle demande en retour un service anniversaire de messe à perpétuité le 10 février, pour Mme Anne Henriette de France, sa sœur, et un *De Profundis* quotidien (Ibid.).

Le 4 août 1756, Catherine Pinel, veuve de Messire Claude Ceberet, leur lègue la somme de trois cents livres et le 8 avril 1765, Antoinette Magdeleine du Breuil, veuve de Messire Claude de la Villeneufve, leur laisse par testament deux mille livres (2).

Enfin, je trouve encore un legs de vingt mille livres rapportant cinq cents livres au denier quarante, fait par M. Croizade, pour une messe à perpétuité (3).

Parmi ces fondations, plusieurs étaient contraires aux règles des Capucines, elles ne purent donc les accepter dans les conditions où elles étaient faites. C'est ainsi qu'elles ne reçoivent les

(1) Cet acte est signé « Jolly Daruille de Mercœur ». Sur ce même testament, la duchesse lègue cinquante messes aux Capucins de Saint-Honoré et huit mille autres messes, pour les défunts de toute sa famille. Arch. Nat. S. 4650.

(2) Carnavalet. N. A. 40.

(3) Arch. Nat. S. 4650.

arrérages de Mme Elizabeth de France qu'à titre d'aumône et demandent au légataire de M. Croizade de leur accorder dix mille livres (fond de vingt mille au denier quarante) et s'engagent à une messe annuelle pendant cent ans.

Elles ajoutent sur leur requête qu'elles se trouvent dans un extrême besoin et endettées de quinze mille livres.

Pour compléter ce chapitre des ressources de nos Capucines, je dois noter ici le revenu d'un bail pour les chaises de leur chapelle. Ce bail est mentionné pour la première fois le 31 décembre 1746 (Carn.) Il est contracté par Jean Marie Erolle, perruquier à Paris et Marie Cécile Prévost, sa femme, ils s'engagent pour neuf ans consécutifs à payer quinze cents livres par an, par quartiers : ils sont autorisés à louer des chaises à tous les offices dans l'église des Capucines et chapelles dépendantes, sauf celles de Créquy, Louvois, et à la Tribune. M. Billeheu, sindic des religieuses, le monastère et les preneurs doivent fournir les chaises. Le 20 janvier 1757, Sœur Françoise de la Croix, Abbesse, donne son consentement pour le renouvellement de ce bail, mais en raison des réparations qui se font au portail et qui « nuisent beaucoup aux exercices », la redevance est abaissée à douze cents livres (1). Par contre plusieurs clauses sont ajoutées, au dépens des chaisiers. Le contrat porte entr'autres que les preneurs doivent faire « un présent honneste aux prédicateurs à la fin de l'année », que l'impression des billets pour la fête et l'octave de saint Ovide sera à leur charge ainsi que les frais des suisses, etc.

Malheureusement le revenu des chaises ne fut pas toujours exactement payé aux Capucines. Le 10 septembre 1774, la Sœur Félicité, ex-abbesse, dut adresser au syndic, une plainte contre la chaisière, elle joint à sa lettre une quittance datée de 1766 faite par la Mère de « Lanfant Jésus » alors Abbesse, à Mme Soyrésé, loueuse de chaises, qui ne veut pas payer. Il paraît que la dite dame Soyrésé n'était pas des plus commodes, car non contente de ne point s'acquitter de ses dettes, elle accablait encore les religieuses d'injures.

Au reste, loin de jouir de la prospérité, les pauvres Capucines semblent avoir eu pas mal à souffrir de la misère en cette fin du XVIIIe siècle. Plusieurs pièces réunies dans le carton G9 . 151. des Archives Nationales en sont une triste preuve :

______

(1) En 1760, la somme de 1500 livres est rétablie pour ce bail.

C'est en premier lieu, une lettre sans date écrite par Sœur Marie Félicité, Abbesse; elle rappelle au destinataire de cette missive (1) le mémoire qu'elle lui adressa quelque temps auparavant. Puis une seconde lettre adressée au même personnage accompagnée cette fois d'un nouveau mémoire, le tout non daté. En ce mémoire, la Mère Abbesse représente qu'étant donné la misère générale, la disparition des principaux bienfaiteurs, un certain nombre de religieuses très infirmes, et d'autres languissant faute de secours, la communauté se trouve dans une extrême disette. Elle sollicite une part aux bénéfices résultant de la loterie établie en faveur des pauvres communautés religieuses.

Une troisième lettre, datée celle-là de Paris, 4 février 1769, et signée de Sartines, Père temporel des Capucines, recommande au Cardinal de Luynes, les Filles de la Passion ; il ne demande pas moins de 500 livres par mois pour ses protégées. Cette somme fut accordée, mais en revanche on supprima aux religieuses les trois cents livres qu'elles avaient coutume de recevoir sur les aumônes du roi.

§ IV

EXPULSION ET CONFISCATION

L'ère de la Révolution a sonné. Les Capucines comme tant d'autres sont mises en demeure de déclarer leur nombre et leurs revenus. Le P. Zénon, Provincial, dans le monde Nicolas Thomas Bataille (2), comparut le 26 février 1790 et lut au nom de l'abbesse Sœur Marie Thérèse de Jésus, l'état des revenus. Il ne sera pas sans intérêt de donner quelques détails sur cette déclaration.

REVENUS.

Aumônes du roi sur le trésor royal	4 400 l.
Sur la cassette du roi	700 l.
Aumônes sur la cassette de la reine	1 200 l.

(1) Ce destinataire n'est pas nommé, il est très probable qu'il s'agit du président de la Commission de secours.

(2) Il était né à Crépy (Oise) vers 1744; après les lois du 11 prairial an III et 7 vendémiaire an IV, il se fit inscrire pour l'exercice de son ministère en la chapelle des Capucins de la chaussée d'Antin. (Cf. abbé J. Grente. *Le Culte Catholique à Paris de la Terreur au Concordat.* Paris, Lethielleux, 1903.)

Sur les bâtiments du roi pour entretien du jardin   400 l.
Pour les aumônes de la défunte reine   288 l.
Pour tenir lieu des drogues sur le jardin du roi   60 l.
Pour aumônes du roi dans la semaine sainte   112 l.
Pour un service annuel et 40 messes pour Mme Henriette de France avec un De Profundis tous les jours   300 l.
Pour secours accordés aux communautés   300 l.
Pension accordée par Mme Sophie   336 l.
Pension accordée par Mme de Pompadour pour deux messes par mois et droit de sépulture   600 l.
Ce bienfait a commencé en 1754 et doit durer quatre-vingts ans.
Pour fondation de la Duchesse de Vendôme   460 l.
Pour tenir lieu des entrées de vin et autres (non payé cette année)   2 600 l.
Legs fait par Mme de Guise, payé par la Maison d'Orléans pour un service annuel et des prières journalières (1)   300 l.
Produit des chaises sans bail   800 l.
Quatre voies de bois données par la ville et estimées à   96 l.

TOTAL :   12,952 l.

La bibliothèque contient 800 volumes, tous de dévotion.

A la sacristie, les aubes, amicts et autres linges d'autel sont en nombre suffisant pour la décence du culte. Il y a environ vingt quatre chasubles de toutes couleurs, sept calices en argent dont quelques-uns dorés, un ostensoir en argent doré, plusieurs reliquaires, une vraie croix, plusieurs voiles or et argent, deux lampes en argent et d'autres petits ustensiles appelés vulgairement *les vœux de S. Ovide*.

La lingerie pour l'usage des religieuses est selon la charité.

La communauté n'est endettée que du courant.

Le petit couvent occupé par les Frères contient ce qui est nécessaire à leur usage.

---

(1) Marie de Lorraine sa fille, décédée le 3 mars 1688, avait légué aux Capucines par son testament daté du 6 février 1686, deux mille écus. Cette princesse était duchesse de Guise et de Joyeuse. Elle était la petite fille du P. Ange de Joyeuse par sa mère, Henriette Catherine de Joyeuse, qui après la mort du duc de Montpensier son mari, épousa en 1611 le duc de Guise. Marie de Lorraine demanda sur son testament a être inhumée dans la sépulture de sa mère aux Capucines.

Cette déclaration dont je ne donne ici qu'un extrait est signée « Sœur Marie Theresse de Jésus, Abbesse des Pauvres Capucines de Paris ditte fille de la Passion ». Le sceau représente sainte Claire debout, un ostensoir à la main droite. Autour de la sainte sont représentés les instruments de la Passion : à sa gauche on voit l'éponge et la lance croisées, plus près d'elle les tenailles ; à sa droite l'échelle. Pour légende : *Sceau du monastère des Filles de la Passion de Paris.*

Le 14 juin 1790 les officiers municipaux se rendent au couvent pour y donner lecture de leur mission et procéder à l'inventaire des livres de la congrégation. Ils trouvent les quarante deux religieuses assemblées capitulairement.

Après les interrogatoires alors en usage, ces saintes filles à la suite de Marie Catherine Rive, leur Abbesse, déclarent vouloir vivre et mourir dans leur saint état et donnent leur signature. Quant aux sept Frères qui sont au service des Capucines, un seul a l'intention de rentrer dans le monde, un second se réserve de faire sa déclaration ultérieurement, les cinq autres protestent vouloir rester attachés à la Maison des Capucines, l'un de ces derniers a cependant gardé la liberté de pouvoir changer d'avis.

Le vendredi 15 avril 1791, le corps munipal déclare l'exécution de l'arrêté du Directoire du Département de Paris en date du 11 du même mois proclamant la fermeture des églises des maisons religieuses pour la section de la place Vendosme (1).

Le lendemain, M. Bailly, maire de Paris, prie le commissaire de police de la section de se transporter aux Capucines pour s'assurer s'il n'existe point une chapelle intérieure dans leur couvent ; dans le cas de l'affirmative il arrangera toutes choses à ce que l'usage en soit borné aux religieuses. Il devra aussi rendre compte du local afin que le comité municipal puisse décider s'il peut être abandonné en son entier aux religieuses.

Le même jour, à 11 heures du matin, le commissaire de police accompagné d'un secrétaire et de greffiers se rend chez les Capucines. La Mère Marie Thérèse de Jésus, connaissant l'objet de sa démarche, se conforme à ses exigences, l'accompagne dans la visite des bâtiments et assiste à la mise des scellés apposés sur trois portes de la chapelle : 1° sur celle qui conduit à la sacristie ; 2° sur une porte parallèle appelée « porte S. Ovide » et

---

(1) Les couvents compris dans cette section étaient entre autres, celui de la Conception Notre-Dame, rue Saint-Honoré, et enfin celui des Capucines.

enfin sur une porte à deux ventaux donnant sur le cloître. Le procès-verbal de cet acte fut immédiatement rédigé, il porte les signatures de : Lavoix de Lavallade, Boisot, Passy, Marotte, Ternois Thomas, Marie Catherine Rive, en religion Sœur Marie Thérèse de Jésus, abbesse des Pauvres Capucines.

Le 10 juin suivant, à 10 heures du matin, Jean-Baptiste Léonore Cahours, remplaçant l'un des administrateurs nommés pour l'administration des domaines nationaux, assisté de Cl. Joseph Lalouette, accompagné de F. P. Villain et de Jean Le Camus, se présente chez les Capucines à dessein d'y exécuter l'inventaire de tous les titres, papiers, etc., exigé par le Décret de l'Assemblée Nationale, du 8 juin 1790. Il se trouve en face d'une nouvelle abbesse, Sœur Thaïs de S. Antoine (dans le monde Marianne Odonel) et de Sœur Marie Thérèse de Jésus devenue économe.

Voici le résultat de cet inventaire.

Contrats et rentes sur l'État :

1° Contrat de 300 l. de rente sur les aydes et gabelles en datte du 15 mars 1768. Contrat de fondation du 14 septembre 1755 par l'Infante duchesse de Parme.

2° Contrat de 600 l. de rente sur le clergé en date du 5 juillet 1755 pour la fondation de Madame de Pompadour.

Propriétés :

1° Acquisition de treize lignes d'eau venant des fontaines de Rungis.

2° Concession faite par la ville de trois autres lignes de la même eau.

3° Abandon fait au monastère par la ville de l'eau mise en décharge de la fontaine Saint-Ovide.

Privilèges :

1° Le franc salé pour quatre minots de sel.

2° Exemption des droits d'entrée de Paris et de passage sous le pont de Joigny.

3° Droits du monastère pour bois.

Passif :

1° Mémoire des médicaments fournis par Cadet et Derosne apothicaires, rue Saint-Honoré, montant à 217 l. 11 s.

2° Mémoire du Sr Dubut, marchand chauderonnier, rue Saint-Honoré, 363, montant à 170 l. 19 s. (1)

(1) A. N., M 711. n° 34.

Le 6 septembre de la même année, Sœur Thaïs adresse à MM. du Corps Municipal l'exposé de tous les inconvénients causés par cette triple fermeture, entr'autres l'impossibilité absolue de toute communication entre les deux corps de logis habités par des personnes dont les relations sont fréquemment aussi nécessaires de jour que de nuit à cause des malades dont l'état réclame souvent le secours des Capucins occupant l'un des deux bâtiments séparés. « La suppression de ce passage, écrit enfin la supérieure, refuse jusqu'à la liberté d'un verre d'eau ».

Sa requête fut entendue, car un extrait du registre de délibérations daté du vendredi 9 septembre 1791 porte qu'étant donné l'exposé fait par les religieuses Capucines, l'autorisation est donnée au commissaire de police de lever les scellés par lui apposés sur les deux portes du passage « intérieur ».

Quelques semaines plus tard le Directoire du Département de Paris autorisait la réouverture des églises (1). Toutefois Sœur Thaïs demande au Ministre que l'église de son couvent reste fermée si son ouverture doit provoquer les horreurs qui se sont commises en d'autres églises. « Les religieuses resteraient inconsolables de voir de tels faits se produire en leur communauté, elles préfèrent donc rester telles qu'elles sont depuis le lundy de la semaine de la Passion » (2).

Enfin, le 26 du même mois, M. Bailly fait savoir à M. Rumeau qu'il lui serait obligé de vouloir bien lever les scellés apposés dans le couvent des Capucines faute de cette opération, leur église est restée fermée contrairement à l'autorisation accordée (3).

Entre temps les Capucines de France avaient adressé à l'Assemblée Nationale une supplique dont la date nous est inconnue, mais qui cependant fut certainement rédigée avant le 10 juin de l'année 1791 puisqu'elle est signée de la Sœur Marie Thérèse de Jésus, abbesse, et qu'à cette même date du 10 juin nous avons vu les délégués de l'administration des domaines nationaux en présence de Sœur Thaïs de S. Antoine, abbesse du monastère.

Voici la teneur de cette pièce (4) :

Adresse à l'Assemblée Nationale de la part des religieuses du

(1) Arch. Préfecture de Police.
(2) A. N., F 19, 470. n° 209.
(3) Arch. Préf. Police.
(4) A. N. D XIX. 16. n° 238.

monastère des Capucines de Paris, et de toutes les Maisons de leur Ordre.

« Nosseigneurs,

» Les Pauvres Religieuses Capucines de Paris et par leur organe celles de Tours et de Marseille, allarmées des bruits publics qui annoncent la prochaine destruction des Maisons Religieuses, osent invoquer la justice et l'humanité des représentants de la Nation.

» Tranquilles dans leurs paisibles retraites, ne troublant le bonheur de personne, elles ne peuvent se persuader qu'on veuille troubler le leur. L'état où elles vivent, est de leur choix, ce choix a été libre et volontaire, consacré par les lois, garanti par la foi publique. Les Capucines appellent aujourd'hui à leur secours tous les titres qui leur assurent la possession de leur état. Cet état est leur propriété : elles l'ont acquise par le sacrifice de toutes les autres. Pourroit-on sans injustice les en dépouiller ?

» Cet état, Nosseigneurs, nous est plus cher que la vie ; chaque jour nous bénissons l'usage que nous fîmes de notre liberté, pour en obtenir une plus douce, une plus parfaite ; les liens qui nous attachent à de saints devoirs nous enchaînent au bonheur. La seule idée de voir ces liens rompus, ou même relâchés, est pour nous désespérante. Nous ne croirons jamais que vous, Nosseigneurs, qui êtes chargés de procurer la félicité de tous les citoyens, vous ne nous réserviés à nous que l'infortune. Eh ! quelle infortune ! La mort nous serait moins cruelle.

» Vous rendrez, Nosseigneurs, vous rendrez le calme à nos cœurs affligés ; il nous sera permis de jouir du bonheur où nous l'avons trouvé, et d'être heureuses à notre manière. Vous laisserés même à d'autres, nous l'espérons, la liberté de venir le chercher ce bonheur si pur, dans nos saints asiles, et rendant à la vertu tous ses droits, vous ferez cesser la suspension provisoire relative à l'émission des vœux.

» Nous sommes avec le plus profond respect,

» Nosseigneurs,

» Vos très humbles et obéissantes servantes ».

Suivent les signatures de la Mère Marie Thérèse de Jésus et des quarante-deux autres religieuses du couvent de Paris.

Si éloquente soit-elle, cette lettre ne toucha point le cœur des membres de l'Assemblée Nationale, et malgré leurs supplications, les Capucines furent obligées, hélas ! de quitter le doux asile où elles abritaient leurs vertus.

Après avoir été chassées de leur couvent et dispersées, elles reformèrent plus tard une réunion rue de Montreuil où elles vécurent dans l'exacte observance de leur règle, elles désiraient reconstituer leur Maison. Leurs efforts furent vains. En 1802, par l'intermédiaire du P. Raphaël Bonier de Paris, elles demandent le renouvellement de leurs dispenses accordées par Pie VI (Arch. nat. AF. IV. 1901). En 1823, elles furent même obligées d'abandonner leur projet, faute de ressources. Elles se réfugièrent alors chez les Dames de la Conception.

Cinq ans plus tard, le doyen du chapitre d'Aix, Monsieur l'abbé Figuière, alors de passage à Paris, apprit d'un prêtre de cette ville que sous sa direction vivaient encore quatre Capucines réunies rue Saint-Honoré (1). A dater de 1829, toute trace des dernières Filles de la Passion semble avoir disparu.

Quant à leur monastère, par un décret du 7 septembre 1792, les bâtiments conventuels devinrent l'Hôtel des Monnaies (2). On y établit l'imprimerie des Assignats. Nous trouvons aussi, sorties de cette imprimerie, quelques brochures comme celle de Ch. Armand. *Çà ne va pas si mal. Visite pire que celle du Diable.* Paris. De l'Impr. rue et bâtiment des ci-devant Capucines, s. d. in-8° (Bibl. nat. Lb. 42. 2295).

Les jardins furent publics, on y vit le premier panorama créé à Paris et le cirque de Franconi. En l'an XI le physicien Roberston installa son théâtre de fantasmagorie dans l'église profanée (3). La vente par lots du monastère fut prescrite par un décret du 19 février 1806 (4) en vue du prolongement de la rue

<hr>

(1) Cf. *Auréole de sainte Claire.*

(2) Le décret est signé Lavigne, rapporteur, Henry Larivière, secrétaire : A. N. C 163. n° 374.

(3) Labarth avait déjà convoité cette église pour y exposer ses caricatures anglaises. On lui proposa un loyer de 800 francs pour huit mois, plus « l'hommage d'une collection d'estampes bien choisies à la Bibliothèque Nationale ». (Arch. dép. 199. 1330). La chapelle du bout du jardin était louée à Bleyet, éditeur de musique (id.). Le Ier germinal de ce même an XI, le comité de discipline de la garde nationale dut évacuer le local par lui occupé pour que l'établissement du timbre extraordinaire puisse s'y installer (id. 1330).

(4) Le couvent fut divisé en 34 lots. Girodet qui avait établi son atelier de peinture dans le monastère, se fit acquéreur du 9e lot. Un autre peintre, Bonne Maison (Ferréol) acheta les 10e et 11e lots. (Id. 6827).

Saint-Augustin et du percement de la rue Napoléon, aujourd'hui rue de la Paix. Les démolitions furent mises en adjudication le samedi 20 fructidor an XIII (1). Les derniers bâtiments restés debouts et affectés à l'administration du timbre furent complètement détruits en 1852.

Le samedi 1er octobre 1864, en creusant une tranchée dans la rue de la Paix, les ouvriers découvrirent quelques ossements et une plaque de cuivre provenant du caveau des Capucines. La plaque portait les noms d'Henriette Catherine de Joyeuse.

Les sépultures étaient du reste nombreuses en l'église des Filles de la Passion. Au chœur se trouvaient celles de : Philippe de Lorraine et de Marie de Luxembourg dont les cœurs étaient enchassés dans la muraille du sanctuaire ; de Catherine de Lorraine devant la grille des religieuses ; de Charlotte et Marie de Bourbon, de Françoise de Lorraine enterrée en habit de Capucine. Sous le chœur, dans le caveau des religieuses, se trouvaient Louise et Marguerite de Lorraine, Marie de Luxembourg, Henriette Catherine de Joyeuse, en habit de Capucine. Dans la nef, outre les tombes de : Charlotte Marie de Daillon du Lude, Elisabeth Chevelin, Louis Séguier et François de Béthune, on remarquait le monument de François Pidou de Saint-Olon et d'Elisabeth Lombard.

Les chapelles latérales étaient ornées de superbes mausolées, dont ceux de Louvois (2) et de Créqui (3), étaient, au dire de Piganiol, les plus beaux.

De tout ceci il ne reste plus aujourd'hui que le souvenir. Seul le boulevard des Capucines qui bordait jadis le jardin des religieuses rappelle encore par son nom l'existence de ces femmes admirables dont plusieurs sont mortes en odeur de sainteté et desquelles tant de personnes de haut rang ont sollicité l'aumône de la prière et du sacrifice.

---

(1) Les démolitions de la chapelle estimées 35,132 frs, furent achetées à Morel, adjudicataire, par Hermés pour la somme de 57,250 frs. — Le 25 septembre 1807, Vincent S. Hilaire retira 174,05 de la vente des fers et plombs. Enfin le terrain fut estimé 2,128,000 frs. (Id. 256. 1330).

(2) Voir plus loin, appendice III. Epitaphes de l'Église.

(3) Id.

APPENDICE

I.

Nom des religieuses qui ont déclaré vouloir vivre et mourir dans leur saint état et ont donné leur signature. Arch. Nat. S. 4650.

Marie Catherine RIVE, abbesse, a déclaré vouloir rester en religion et a signé Rive.

Marie Anne ODONELL, sœur Thays de S. Antoine, a déclaré vouloir rester en religion et a signé Odonell.

Marie Jeneviève REYNAUD, sœur Marie de Ste-Colette, a déclaré vouloir rester en religion et a signé Reynaud.

Geneviève SAINTE, ditte en religion Marie Caherine de Jésus, a déclaré vouloir rester en religion et vouloir remplir strictement ses vœux de pauvreté et a refusé de signer.

Marie Marguerite DE LA RUE, ditte sœur Scolastique de Jésus, a déclaré vouloir vivre sous l'obéissance de ses vœux et a signé M. Delarue.

Pétronille Thérèze TECHN, ditte sœur Félicité, a déclaré vouloir rester en religion et a signé Techn.

Louise Madeleine ANDRÉ, ditte sœur Rose de la Croix, a déclaré vouloir vivre et mourir suivant ses vœux et a signé André.

Marie Jeanne MARIETTE, ditte sœur Marie de S. Joseph, a déclaré vouloir vivre et mourir suivant ses vœux et a signé Mariette.

Marie Margueritte LÉVESQUE, ditte sœur Marie Gertrude de St-Joseph, a déclaré vouloir vivre et mourir dans son état de religion et a signé Lévesque.

Marie Denise AUGER, ditte sœur Marie du Calvaire, a déclaré vouloir vivre et mourir capucine dans cette maison, et désire la grâce d'une maison pour les RR. PP. capucins et a signé Auger.

Marie Elizabeth DE LA RUE, sœur Marie Anne Raphaël, a déclaré vouloir vivre et mourir dans son état de religion et a signé Delarue.

Marie Marquise GARNIER, dite sœur Marie-Agnès de St-François, a déclaré vouloir vivre et mourir capucine et demande une maison pour les Révérends Pères capucins et a signé Garnier.

Antoinette MILLIARD, ditte sœur Delphine de St-Ignace, a déclaré vouloir vivre et mourir dans son état de religion et a signé Milliard.

Jeanne Thérèze TYBERGHIEN, ditte sœur Adelaïde, a déclaré vouloir vivre et mourir dans son état de religion et a signé Tyberghien.

Marie Jeanne Vanhersen, ditte sœur Marie Sophie des Anges, a déclaré vouloir vivre et mourir dans son état de religion et a signé Marie Jeanne Vanhersen.

Marie Victoire Le Riche, ditte Marie Victoire de l'Enfant Jésus, a déclaré vouloir vivre et mourir dans son état de religion et a signé Le Riche.

Marie Elizabeth Suret, ditte sœur Marie de St-Jean l'Evangéliste, a déclaré vouloir vivre et mourir dans son état de religion et a signé Suret.

Marie Anne Hautefeuille, ditte Marie Gabriel de la Résurrection, a déclaré vouloir vivre et mourir dans son état de religion et a signé Hautefeuille.

Elizabeth Ursule Gillot, ditte sœur Agathe de la Passion, a déclaré vouloir vivre et mourir dans son état de religion et dans sa maison de profession si cela se peut et a signé Gillot.

Marguerite Charlotte Brossard, ditte sœur Eleonore de St-Louis, a déclaré vouloir vivre et mourir dans son état de pauvreté et a signé Brossard.

Marie Geneviève Courcelle, ditte sœur Marie de St-Etienne et de St-Louis, a déclaré désirer vivre et mourir dans son état et sa maison et a signé Courcelle.

Marie Nicolle Auger, ditte sœur de la Passion, a déclaré vouloir vivre et mourir dans son état de religion et a signé Auger.

Marie Gabrielle De Bigault, ditte sœur Marie Margueritte du St-Sacrement, a déclaré désirer vivre et mourir dans son état et sa maison et a signé De Bigault.

Catherine Barbe Dureville, ditte sœur Marie Floride, a déclaré vouloir vivre et mourir dans la pure observance de la règle qu'elle a embrassée et a signé Dureville.

Me Catherine Geneviève Alard, ditte sœur Hyacinthe de Jésus, a déclaré vouloir vivre et mourir dans son état de religion et dans sa maison et a signé Alard.

Reine Verieu, ditte sœur Marie Remi de St-Séraphin, a déclaré vouloir vivre et mourir dans son saint état et a signé Verieu.

Marie Jeanne De Wulf, ditte sœur Casimir de Jésus, a déclaré vouloir vivre et mourir dans son saint état de religion et a signé de Wulf.

Marie Louise Durieux, ditte sœur Marie Rosalie de Ste-Félicité, a déclaré vouloir vivre et mourir dans son saint état et a signé Durieux.

Perpétue Dufour, ditte sœur Constance de St-Romans, a déclaré vouloir vivre et mourir dans son état et a signé Dufour.

Marie Françoise Rambach, ditte sœur de St-Jean-Baptiste, a déclaré qu'elle désire passer ses jours dans son saint état et a signé Rambach.

Eugénie Van Raes, ditte sœur Marie de St-Devoir, a déclaré vouloir vivre et mourir dans son état de religion et a signé Van Raes.

Dorothée Allard, ditte sœur Marie du St-Esprit, a déclaré vouloir vivre et mourir dans son état de religion et a signé Allard.

Marie Madeleine Loquet, ditte sœur Marie de St-Pacifique, a déclaré vouloir vivre et mourir dans son état de religion et a signé Loquet.

Anne Marie Louise Villeneuve, ditte sœur Ambroise de Ste-Cécile, a déclaré vouloir vivre et mourir capucine et a signé Vilneuve.

Elizabeth Plenet, ditte sœur Marie Madeleine Antoinette de Jésus, a déclaré qu'elle désire finir ses jours dans l'exercice de ses saints engagements et a signé Plenet.

Marie Françoise Provost, ditte sœur Bernard de St-Ignace, a déclaré désirer vivre et mourir dans son saint état de religion et a signé Proovost.

Catherine Amélie Reiner, ditte sœur Ursule de St-Louis, a déclaré vouloir vivre et mourir dans son état et a signé Reiner.

Marie Amélie Joseph Dumont, ditte sœur Marie Antoinette de St-Sulpice, a déclaré vouloir vivre et mourir dans son saint état et a signé Dumont.

Colette Bulté, ditte sœur Julie de St-Hyacinthe, a déclaré vouloir vivre et mourir dans son saint état et a signé Bulté.

Amélie Joseph Delva, ditte sœur Marie de la Ste-Trinité, a déclaré vouloir vivre et mourir en religion et a signé Delva.

Marie Françoise Lefèvre, sœur Marie Colombe de l'Ascension, a déclaré vouloir rester en religion et a signé Le fevre.

Aimée Roze, ditte sœur de St-Antoine, a déclaré vouloir vivre et mourir dans son état de religion et a signé Rose.

Madeleine De Bruges, novice, a déclaré son désir ardent de rester dans son état de novice puisque les circonstances la prive de la satisfaction d'entrer en profession et a signé Debruges.

Lorsqu'en 1792 on rédigea l'Etat nominatif des religieuses (Arch. Nat. M. 711) pour le trimestre de janvier, elles n'étaient plus que trente neuf. L'une d'entre elles, sœur Marie Sophie des Anges (dans le monde Marie Jeanne Van Hersen) de nationalité belge, mais naturalisée française en novembre 1788, avait regagné sa patrie qu'elle avait dû quitter lors de la suppression des religieuses dans les Pays-Bas. Son départ suscita plus d'une difficulté à ses supérieurs. Le 18 août 1790, la M. Marie Thérèse de Jésus et le P. Zénon s'unissent pour solliciter du Comité ecclésiastique l'autorisation de laisser partir cette religieuse qui n'a pu s'habituer ni au climat de Paris dont l'air lui est nuisible, ni au régime des Capucines qui l'épuise. Ils écrivent également au Maire et aux Administrateurs du Domaine de la Ville pour obtenir les fonds nécessaires au rapatriement de l'exilée (A. N. D XIX. 44. no 702). Le 2 septembre, le P. Zénon n'ayant reçu aucune réponse, renouvelle sa requête, il demande au Comité ecclésiastique deux cent trente deux livres pour le voyage de sœur Marie Van Hersen. Le surlendemain la Mère abbesse réitère à son tour sa précédente supplique. (A. N. D XIX 66. no 391.) L e6, par une circulaire signée Chasset, président, et Dionit, vice-président, le Comité ecclésiastique fait savoir à la municipalité qu'il pense qu'elle peut avancer, sur les secours à accorder aux Capucines de Paris, cent cinquante livres pour le retour de Marie Van Hersen à Bruxelles. Enfin le 7, la comptabilité est autorisée à payer la dite somme (A. N. DXIX 44. no 702.)

Les autres religieuses dont le nom ne figure pas sur l'état nominatif de 1792 sont: Marie Geneviève Reynaud (sœur Colette), Geneviève Sainte (sœur Marie Catherine de Jésus) et la novice Madeleine de Bruges. Ajoutons que cette pièce nous fait connaître le nom des trois frères au service des Capucines, ce sont Joseph Nouvelier, Pierre-Louis Plessier et Jean-Baptiste Bandin.

En 1803, Mgr de Cicé, Archevêque d'Aix, ayant obtenu du premier Consul le retour des Capucines à Marseille, celles-ci acceptèrent dans leur communauté une sœur St-Louis, ancienne religieuse du couvent de Paris. Elle fut élue discrète au Chapitre du 10 août de la même année. Comme on peut le constater sur le précédente liste ce nom, de St-Louis peut s'appliquer à trois religieuses.

II.

Nécrologe du Couvent de Paris depuis sa fondation jusqu'en 1701 :
d'après le ms. Delamarre.

1) Sœur Angélique de Paris, entrée aux Capucines en 1606 à l'âge de 18 ans, † le 18 février 1635.

2) Sœur Madeleine de St-François, fille de Jacques le Roy, seigneur de la Grangele Roy en Brye, Conseiller d'Etat et Gouverneur de Melun. Née le 26 novembre 1589 au château de la Grange, se fait d'abord Cistercienne à l'abbaye du Lys ; puis entre aux Capucines le 15 mars 1617, prend l'habit le 13 juin suivant et fait profession un an après entre les mains de la Mère Marie de Tours. Elle est élue Maîtresse des novices quatre ans plus tard, puis cinq fois abbesse et meurt simple religieuse le 29 août 1658 (Bib. Ste Geneviève 3030 sup. H. f. in-8° 868. Signé P. Prévôt).

3) Sœur Marie de St-Joseph de Falaise, fille de François Vauquelin, baron de Baroche, bailli d'Alençon, † le 26 décembre 1662 à 49 ans.

4) Sœur Catherine de Jésus (Hélène Nollent) née en 1619 au château de Vausaillon près Versailles, entrée aux Capucines le 3 mars 1637, professe le 1er juin 1639, † le 19 avril 1667.

5) Sœur Béate de St-Ovide (Anne de Langlois) professe le 9 octobre 1667, † le 8 octobre 1674.

6) Sœur Anne Catherine de Paris, Capucine à 16 ans, morte à 33 ans le 25 novembre 1680.

7) Sœur Basile Angélique de Paris, fille de Breux Gondrée, Capucine en 1660 à 23 ans, † le 12 janvier 1690.

8) Sœur Madeleine de St-Joseph, née à Paris en 1624, entrée aux Capucines le 25 novembre 1644, professe le 3 mai 1646, † le 24 janvier 1687. Elle fut cinq fois abbesse.

9) Sœur Thérèse de Jésus de Paris, dite M. Marie du St-Esprit, fille de Jean du Pré, trésorier de France, née en 1604, entrée aux Capucines en 1622, professe le 15 février 1624, † le 10 mars 1687.

10) Sœur Marie Constance (Marie Senac) fille de François Senac, seigneur de Fimont, grand maître des eaux et forêts du duc de Longueville, née à Rouen, professe le 16 février 1660, † le 2 janvier 1690 à 53 ans.

11) Sœur Marguerite (Charlotte de Leviston) fille de Claude de Leviston et de Mme Benigne de la Forest, née à Etheaville (Etalleville !) en 1613, Capucine en 1640, † le 17 janvier 1690.

12) Sœur Marie de St-Jean (Jeanne le Sec) née à Paris, Capucine en 1633 (Voir p. 26) † le 8 janvier 1691.

13) Sœur Agnès de Ste-Claire (Anne Juliot) Capucine en 1661, † le 23 avril 1691.

14) Sœur Colette de St-François, de Paris † le 25 avril 1692 à 56 ans et demi et 40 de religion.

15) Sœur Marie de St-François (Marie Besche) née à Corbeil en 1632, entrée aux Capucines le 30 juin 1652, fut abbesse, † le 18 octobre 1693 à 61 ans.

16) Sœur Gabrielle de Ste-Marguerite d'Auxerre (Madeleine Berault) fille de M. Berault membre du Présidial d'Auxerre, née en 1641, entrée aux Capucines le 31 octobre 1663, professe le 15 avril 1665, † le 29 novembre 1665.

17) Sœur Jeanne Françoise de Jésus, de Paris, fille de M. des Bois, née le le 3 mai 1626, entrée aux Capucines le 21 juillet 1649 ; elle mène une vie assez mouvementée. Envoyée une première fois à Tours comme Maîtresse des Novices, elle revient à Paris en 1659, est élue abbesse de Tours, puis retourne à Paris d'où elle part fonder un monastère à Lisbonne en qualité de première abbesse. Enfin elle est fixée définitivement à Paris où elle meurt le 4 février 1701.

18) Sœur Marie de l'Incarnation (Marie Madeleine de la Chapelle), fille de M. de la Chapelle, audiencier à Bordeaux, † le 11 avril 1701 âgée d'environ soixante quatorze ans et 26 ans et 3 mois de religion.

III.

Confesseurs des Capucines de Paris (1) :

	ANNÉES
Premier confesseur fut Jérôme de Rouen au couvent de la Roquette .	1604
T. V. P. Ange de Joyeuse, trois ans .	1607
R. P. Henry de la Grange, quatre ans	1611
T. V. P. Alphonse d'Evreux .	1612
R. P. Bernardin de Fatouville .	1613
Il a été trois ans	1615
R. P. Archange de Pembrocq .	1616
R. P. Jérôme de Roüen .	1617
R. P. Archange de Pembrocq, trois ans .	1620
R. P. Paschal d'Abbeville, trois ans .	1623
R. P. Archange de Pembrocq, quatre ans.	1627
T. V. P. Martial d'Etampes, trois ans .	1630
T. V. P. Robert de Dreux.	1631
T. V. P. Juvenal de Paris, trois ans .	1634
T. V. P. Albert de Vivarais, trois ans	1638
R. P. Paschal d'Abbeville, trois ans .	1641
R. P. Pacifique Potel, trois ans.	1644
R. P. Basile de Reims, trois ans	1647
R. P. Léonard de la Tour, trois ans .	1650
R. P. Jean François de Reims, trois ans .	1653
R. P. Léonard de la Tour, trois ans.	1656
R. P. Jean François de Reims	1657
R. P. Bernardin de Paris, trois ans .	1660
T. V. P. Paul de Lagny, trois ans .	1663
R. P. Jerôme de Sens .	1664
R. P. Silvere de Paris, trois ans .	1667
R. P. Gabriel de Paris, deux ans .	1669
R. P. Jean Chrisostome d'Amiens, trois ans .	1661

(1) B. N. ms. fr. 25.048.

T. R. P. Archange Parfait, deux ans.	1673
T. V. P. Gabriel de Montfort, trois ans	1676
T. V. P. Basile de Paris, trois ans	1679
T. V. P. Louis de Jully, deux ans	1681
R. P. Gabriel de Paris	1682
R. P. Jerothée de Paris	1683
R. P. Eusèbe de Paris, trois ans	1686
T. V. P. Bonice de Paris, quatre ans	1690
T. V. P. Martin de Paris, trois ans	1693
T. V. P. Robert de Dreux	1694
R. P. Louis Marie d'Abbeville, deux ans	1696
T. V. P. Agnan de Paris, trois ans	1699
T. V. P. Robert de Bethel, trois ans.	1702
T. V. P. Emanuel de Paris, trois ans	1705
R. P. Damase de Paris	1706
R. P. Damien de Paris	1707

IV.

Epitaphes de l'église des Capucines.
d'après Raunié, *Epitaphier du vieux Paris.* t. II. p. 123.

Chœur.

Philippe Emmanuel de Lorraine †. Marie de Luxembourg. — Inscription gravée sur plaque de marbre noir.

Cy gissent les cœurs de Philippe Emmanuel de Lorraine, Duc de Mercœur, frère de la Royne Louyse et Lieutenant General de l'Empereur en ses armées de Hongrie, qui deceda en Allemagne l'an MDCII, et de Marie de Luxembourg, son espouze, qui a fait bastir ce convent et qui a esté enterrée le VIe de septembre MDCXXIV.

Catherine de Lorraine. — Tombe plate de marbre noir à côté de l'autel devant la grille des religieuses. Catherine de Lorraine, fille de tres hault et tres puissant prince Charles de Lorraine, en son vivant Duc d'Elbeuf, pair, grand escuyer et grand veneur de France, Comte de Harcourt, Briosne et Lillebonne, et de illustre princesse Marguerite Chabot sa femme, inhumée soubz ce tombeau le dernier jour de janvier MDCXI, aagée de V ans et VII mois.

Charlotte Anne de Bourbon. — Cy gist le cœur de tres vertueuse princesse Mademoiselle Charlotte Anne de Bourbon, fille de feu tres hault et tres excellent prince Monseigneur Charles de Bourbon, Comte de Soissons, prince du sang, pair et grand maistre de France, Gouverneur et Lieutenant General pour le Roy en ses pays de Daufiné et de Normandie, et de tres illustre et tres excellente princesse Madame Anne de Montafié, ses père et mère, qui deceda à Paris le vendredy Xe jour de novembre MDCXXIII.

Marie de Bourbon. — Cy gist le cœur de tres haulte, tres puissante et tres vertueuse princesse Marie de Bourbon, fille de tres hault prince Henry de Bourbon, Duc de Montpensier et de tres haulte princesse Henriette Catherine de Joyeuse, jadis duchesse de Montpensier, a present de Guyse ; laquelle

Marie espousa tres hault, tres puissant et tres magnanime prince Gaston, frère unique du Roy, fils de Henry le Grand et de Marie Auguste de Médicis, et deceda le IV de juin de l'an MDCXXVII, en l'aage de XXI ans, VII mois et XVIII jours, X mois après son mariage et VII jours après son accouchement. Priez Dieu qu'il reçoive son âme et console sa mère, qui laisse ce marbre à la mémoire de son amour et de sa douleur.

Françoise de Lorraine. — Icy est le cœur de tres haute, tres puissante, tres illustre princesse madame Françoise de Lorraine, fondatrice de ce convent, fille et unique heritiere des vertus et des biens de tres haut, tres puissant, tres illustre et tres pieux prince monseigneur Philippe Emmanuel de Lorraine, duc de Mercœur, et de tres haute, très puissante, tres illustre et tres pieuse madame Marie de Luxembourg, et veufve de tres haut, tres puissant, tres illustre et tres pieux prince monseigneur Cœsar, duc de Vendosme, pair et amiral de France, laquelle madame Françoise de Lorraine a vescu en sainte et est morte de la mort des saints, en son hostel a Paris, le VIII septembre, l'an MDCLXIX, aagée de LXXVII ans, X mois.

TOMBES SOUS LE CHŒUR DANS LE CAVEAU DES RELIGIEUSES.

Louise de Lorraine. — La reine Louise avait été inhumée dans le caveau des religieuses, sous une tombe plate de marbre noir avec l'épitaphe suivante gravée en lettres rouges et encadrée par une bordure semée de larmes et de croix de Lorraine.

Cy gist
Louyse de Lorraine,
Royne de France et de Pologne,
Qui deceda a Moulins, l'an mil six cens un,
Et laissa vingt mil escus
Pour la construction de ce convent,
Que Marie de Luxembourg,
Duchesse de Mercœur, sa belle-sœur,
A faict bastir, l'an mil six cens cinq.
Priez Dieu pour elle.

Marguerite de Lorraine. — Sa tombe était marquée par une croix de bronze, avec une base de jaspe portant cette épitaphe : Cy gist Marguerite de Lorraine, duchesse douairière de Luxembourg, sœur de la Royne Louyse. Elle mourut en son hostel de Paris, le XXe jour de septembre MDCXXV.

Marie de Luxembourg. — Tombe marquée également par une croix de bronze, à base de marbre noir : Cy gist Marie de Luxembourg, duchesse de Mercœur, fondatrice (de ce convent) avec la Royne Louyse, sa belle-sœur. Elle mourut en son chasteau d'Annet, le VIe de septembre MDCXXIII.

Henriette Catherine de Joyeuse. — L'inscription était gravée sur une lame de cuivre fixée au cercueil :

Cy gist le corps de deffuncte tres haulte, puissante,
Tres illustre et tres vertueuse princesse madame
Henriette Catherinne de Joyeuse, veufve en pre
Mières nopces de deffunct tres hault, puissant et tres

Illustre prince monseigneur Henry de Bourbon, duc
De Montpensier, de saint Forgeau, de Chastellerault,
Prince souverain de Dombes, de La Roche sur Yon
Et de....., gouverneur et lieutenant ge-
Neral pour le Roy en Normandie, et en seconde(s) de def
Funct tres hault, puissant et tres illustre prince mon
Seigneur Charles de Lorraine, duc de Guyse, prince
De Joinville, comte d'Eu, pair de France, gouverneur
Et lieutenant general pour le Roy en Provence, amiral
Des mers de Levant ; laquelle deceda le vendredy
(XX) Ve jour de febvrier, l'an MXIe LVI,
a (VI) heures du soir, agée de LXXI ans, un
(mo)is XV(II) jour(s).

NEF.

Charlotte-Marie de Daillon du Lude. — Cy gist tres haute et tres puissante dame Charlotte-Marie de Daillon du Lude, espouse de tres hault et puissant seigneur messire Gaston, duc de Roquelaure, decedee le XVe jour de decembre MDCLVIII. Priez Dieu pour son âme.

Elisabeth Chevelin. (Cy gist) dame Elisabeth Chevelin, native de Deventer, femme de messire Jean François Auffriedmeur, capitaine aux Gardes suisses de Sa Majesté et lieutenant colonel de monseigneur le comte de Soissons, colonel general des Suisses et Grisons.

Louis Séguier. — Epitaphe gravée sur une plaque rectangulaire de marbre noir.

D. O. M.

Hic
Ludovicus Seguier, dominus de Sainct Firmin,
Situs est,
E primis ptochotrophii
Generalis parisiensis
Procuratoribus beneficus
(Pro)curator primus erga
(Men)dicos, quos ex asse scripsit
Hæredes ; studii, laboris,
Beneficii pia morte pretium
(Tuli)t, anno salutis MDCLXVII,
XX februarii, œtatis L. Hoc pauperes benefactori
Magnifico bene precantes
Grati animi monumentum posuere.

François de Bethune. — Cy gist tres hault et tres puissant seigneur messire François de Bethune, duc d'Orval, pair de France, comte de Nogent le Rotrou, vicomte de Bethune, seigneur de Montigny, Nonvilliers, Apronvilliers, Villebon, Saint-Denys de Spuis, Lery et autres lieux, conseiller du Roy en ses conseils d'Estat et privé, lieutenant général en ses armées de la province de Chartres et pays chartrain, chevalier de ses Ordres et premier escuyer de la deffuncte Reyne, mère de (Sa Majesté), décédé le VIIe jour de juillet MDCLXXVIII, en sa LXXXe année. Priez Dieu pour son âme.

François Pidou de Saint-Olon ✠ *Elisabeth Lombard.*

D. O. M.

Hic (in)spem resurrectionis requiescit Elisabeth Lombard,
Ferventi in Deum pietate et invicta in malis patientia æque nobilis,
Quæ dilectum sibi conjugem habuit Franciscum Pidou de Saint-Olon,
Militarium Ordinum Beatæ Mariæ de Monte Carmelo Sanctique Lazari
Hierosolymitani equitem stimul et commendatorem, Ludovico XIV,
Galliarum regi, a mandatis secretioribus, ejusdem ad Genuenses legatum
Nec non ad marochianos Africæ populos extraordinarium oratorem. Ea
Christianæ quem frequens coluerat virtutis, diuturno acutoque
Morbo probatæ, exemplum liberis pie educatis reliquit, et, anno
Domini MDCCVII. die martis VI, ætatis LXII, excessit e vivis. Cui perenne
Hoc amoris monumentum sepulchro mærens conjux super(stes) posuit,
In quo et ipse una cum sponsa charissima sese mandavit recondi, ut quos
Eadem voluntas animusque conjunxit. idem tumulus etiam post
Mortem conjunctos acciperet,
Obiitque anno salutis MDCC... ætatis vero...
Requiescant in pace.

CHAPELLE DE CRÉQUI.

Le mausolée de Charles de Créqui était adossé à la muraille de cette chapelle. Exécuté par les sculpteurs Simon Hurtrelle et Pierre Mazeline, il se composait d'un sarcophage en marbre noir, de forme antique sur lequel était représenté le duc à demi couché et revêtu du costume de l'Ordre du Saint Esprit; une femme en pleurs, assise sur une proue de vaisseau et personnifiant l'Espérance le soutenait. Sur les côtés du piédestal, deux statues de femmes représentaient la Religion et l'Abondance. Au moment de la Révolution, ces quatre statues furent transportées par les soins de Lenoir au musée des monuments français. Après la suppression de celui-ci, le groupe, formé par la statue du duc de Créqui et celle de l'Espérance fut attribué à l'église Saint-Roch, on le plaça dans une chapelle de la nef, à gauche, sur un soubassement en marbre brun (1). Les deux inscriptions suivantes étaient gravées sur le monument :

A la gloire de Dieu et pour perpétuelle mémoire à la postérité.

---

(1) Il se trouve actuellement dans la chapelle Saint-Expédit à droite en entrant, il est appuyé sur un socle en marbre blanc. Au-dessus du monument, une plaque également en marbre blanc, fixée au mur de la chapelle porte cette inscription : François de Blanche — Fort — de Créquy. marquis de Marines, maréchal de France, gouverneur de Lorraine, né en MDCXXV, mort à Paris le III février MDCLXXXVII.
Catherine de Rougé du Plessis Bellière, fille de Jacques de Rougé du Plessis Bellière, Lieutenant général des armées du roi née en MDCXXXXI, morte le V avril MDCCXIII.

Cy gist Charles, duc de Crequi, pair de France, chevalier des Ordres du Roy, premier gentilhomme de sa Chambre et gouverneur de Paris. Il commença à porter les armes dès l'aage de dix-sept ans sous le règne de Louis XIII et, après avoir passé par toutes les charges de la guerre, il fut fait lieutenant général des armées par Louis le Grand, pour lequel il a toujours eu un attachement et une fidélité inviolables durant tout le cours de sa vie. Il a esté regardé de toute la cour comme un de ses principaux ornemens, et, dans les grands emplois du dehors, en Angleterre, à Rome et en Bavière, il a soutenu partout avec dignité la gloire de son maistre et l'honneur de sa nation. Mais de quoi sert à l'homme de se distinguer sur la terre si Dieu ne le choisit pour le ciel ! La Providence qui l'y destinoit le prépara à une mort chrestienne par une maladie de quinze mois, pendant laquelle il donna de continuelles marques d'une résignation entière. Enfin le XIII de février MDCLXXXVII, muni de tous les sacremens de l'Eglise et plein de confiance en la miséricorde divine, il rendit son àme à Dieu, dans la LXIVe année de son aage.

Armande de Lusignan. — Armande de Lusignan, duchesse de Crequi, dame d'honneur de la reine Marie-Thérèse d'Autriche, a fait ériger ce monument à la mémoire de son mari, avec lequel elle a voulu être enterrée, afin d'être rejointe avec lui dans le tombeau, en attendant qu'il plaise à Dieu, de les rejoindre ensemble dans le ciel. Elle a passé de cette vie en l'autre le XI d'août MDCCIX, agée de LXXII ans IV mois.

CHAPELLE DE LOUVOIS.

François-Michel Le Tellier † Anne de Souvré.
Louis-François-Marie † Camille Le Tellier.
Le mausolée du marquis de Louvois occupait la troisième chapelle du côté gauche. D'après Brice il n'existait point à Paris de chapelle plus richement décorée que celle-là. Le bas-relief de l'autel représentait Jésus-Christ mis au tombeau. L'exécution en avait été confiée à l'architecte Jules Hardouin-Mansart et aux sculpteurs François Girardon et Martin Desjardins, celui-ci étant mort avant d'avoir fini son œuvre, Corneille Van Clève l'acheva. Une partie de ce mausolée figura pendant quelque temps au musée des monuments français. En 1819 les descendants de Louvois obtinrent qu'il fut transféré à Tonnerre. Le tombeau fut alors déposé dans la chapelle de l'hôpital fondé en 1293 par la femme de Charles, frère de St Louis. Marguerite de Bourgogne, reine de Jérusalem, de Naples et de Sicile.

D. O. M.

Ici repose haut et puissant monseigneur François Le Tellier, marquis de
[Louvois, de Courtanvaux et]
De Cruzy, comte de Tonnerre, etc. ; conseiller du Roi en tous ses Con-
[seils, commandeur et chancelier de ses Ordres,]
Ministre et secrétaire d'Etat au département de la guerre, surintendant
[general des postes et relais de France,]
Surintendant et ordonnateur general des batiments et jardins de Sa Majes-
[té, arts et manufactures de France, etc.]

Avant sa vingtième année, Louis le Grand lui donna la survivance de la
[charge de secrétaire d'Etat, avec]
Le département de la guerre, dont pour lors le chancelier Le Tellier son
[pere etoit pourvu. L'exemple et les]
Instructions de ce grand homme le rendirent bientot capable d'exercer
[cette place importante au gré du Roi ; avec]
Un genie egalement etendu, prudent et solide, il embrassa en peu de
[temps tout ce que renferme la science difficile]
De la guerre et le vaste detail des troupes. A peine avoit il atteint la
[trentieme année de son âge que, devenu]
Capable des plus grandes affaires, il fut appelé par Sa Majesté dans ses
[Conseils les plus secrets et honoré de]
Sa confiance. Appliqué, vigilant, infatigable, pret en toutes les occasions
[et les saisons a executer les ordres]
Du Roi dans les entreprises les plus difficiles que lui confia Sa Majesté,
[juste et heureux dans ses mesures, il]
Servit son maitre avec une ardeur toujours nouvelle jusqu'à la fin de sa
[vie, qui fut terminée par une mort subite,]
A Versailles, le seizieme jour de juillet 1691. Il a vecu cinquante ans,
[six mois et seize jours.]
Dans ce même tombeau ont été aussi inhumés les corps de madame la
[marquise de Louvois, sa femme, du]
Marquis de Barbezieux et de l'abbé de Louvois, leurs enfans.

Anne de Souvré, son épouse, restée seule de son nom et héritière de sa maison, l'ayant survécu, lui a fait élever ce tombeau, ou elle veut que son corps soit mis après sa mort. Elle est décédée le (2 décembre MDCCXV, agée de LXIX ans, un jour.)

CHAPELLE DE CHABANAIS.

Gilbert Colbert. — Epitaphe gravée sur plaque de marbre blanc, bordée de marbre noir et surmontée d'un cartouche portant deux écussons accolés :

Ici repose en attendant une heureuse résurrection, haut et puissant seigneur messire Gilbert Colbert, chevalier, seigneur de Saint Pouanges de la principauté de Chabanois et autres lieux, secrétaire du cabinet du Roi, et auparavant des commandemens de la feue reine Marie-Thérèse d'Autriche, conseiller d'Etat, commandeur et grand trésorier des Ordres de Sa Majesté. Il fut élevé et employé dès sa première jeunesse aux affaires de la guerre, sous feu monsieur le chancelier Le Tellier son oncle, alors ministre et secrétaire d'Etat ; les instructions et l'exemple de ce grand homme seconderent en lui cet amour pour la personne du Roi et ce zèle pour le bien de l'Etat héréditaires dans sa famille, et qui ont toujours paru pendant XLIV ans de service dans ses fonctions ordinaires et dans plusieurs emplois de confiance, importans et distingués dont Sa Majesté l'a honoré. Il fut genereux, sincere, liberal, obligeant sans ostentation, ardent pour ses amis, charitable envers les pauvres, bienfaisant pour tout le monde, ayant toujours preferé le mérite à la faveur et l'honneur à l'interêt ; l'estime generale de la cour et de la ville, les regrets et les pleurs de tous les officiers de guerre, sa reputation chez les etrangers et la voix du peuple font mieux son éloge que tout ce qu'on en pourroit dire. Il passa de cette vie a une meilleure le XXII octobre MDCCVI, agé de LXIV ans et VII jours, par une mort chretienne et edifiante, apres s'etre prepare a ce passage pendant les quatre dernieres années de sa retraite et de sa vie par de frequentes meditations, suivies d'une pratique continuelle d'actions de piété et de charité.

En dehors des personnes dont l'épitaphe fut retrouvée il en est d'autres qui furent inhumées dans l'église des Capucines.

Marguerite de Gondy, fille d'Albert de Gondy, duc de Retz, et de Charlotte Catherine de Clermont, sœur de Henry de Gondy, évêque de Paris, puis cardinal de Retz (1). Jean-François de Gondy qui lui succéda sur le siège épiscopal prit l'habit de Capucin, mais après onze mois d'essai les supérieurs se virent obligés de ne pas l'accepter à cause de sa mauvaise santé. C'est pendant son épiscopat que le diocèse de Paris devint Archevêché. Mariée au marquis de Maignelay elle devient veuve trois ans après. Dès lors elle n'a plus qu'une idée, se faire Capucine, jamais, ce désir ne se réalisa, tout ce qu'elle put fut de se retirer fréquemment chez les religieuses pour s'y adonner à la retraite, elle possédait à cet effet dans le couvent un logement joignant le parloir des Capucines, bâti autrefois par les soins de madame de Guise, dans le même but. Elle fut d'une extrême générosité envers les Capucins et les Capucines. Pour les premiers elle donna le terrain et contribua à la construction du couvent de Montdidier. Pour les secondes elle prit part aux fondations de Paris et de Tours comme le prouve une lettre du P. Jérôme de la Flèche en date du 13 décembre 1625. Elle lègue sa maison le 25 août 1660. Elle meurt assistée par ces saints religieux. Selon son désir elle est inhumée en habit de Capucine auprès du cœur de sa fille, la duchesse de Candal dans le caveau des Filles de la Passion à côté de la reine Louise, de la duchesse de Mercœur et de madame de Guise (2).

Marie de Lorraine duchesse de Guise et de Joyeuse, fille de Françoise de Lorraine, décédée en mars 1688 (*Mercure Galant*) (3).

Marguerite du Plessis de Chivré, duchesse de Grammont, may 1689. De son vivant elle aimait se retirer en un logement qu'elle possédait aux Capucines.

La princesse de Bade, août 1689 (ibid.) Charlotte de Mornay, maréchale de Grancey, mai 1694 (ibid.)

Le Mercure Galant nous a enfin conservé le souvenir des inhumations d'Anne Jules duc de Noailles le 5 octobre 1708 (M. G. 8 oct. 1708), de Charles de Lorraine de Bédeilles (id). En décembre 1708 les corps du

---

(1) Cf. Emmanuel de Lanmodez. *Marie Cath. Ant. de Gondy de Retz et les calvairiennes de Machecoul*. Nantes 1893.

(2) Cf. *Vie admirable de Charlotte-Marguerite de Gondy, marquise de Magnelais* par le P. Baudhuin, Paris 1666.

(3) Mademoiselle de Guise, nous l'avons vu, légua une certaine somme aux Capucines en demandant d'y recevoir la sépulture.

Marie-Henriette de Montmorency Luxembourg, fille de Charles-François-Frédéric de Montmorency Luxembourg et de feue dame, Marie Anne d'Albert de Chevreuse décédée à Versailles à l'âge de 4 ans au commencement de l'année 1696 et dont le corps a été transporté aux Capucines de Paris auprès de celui de sa mère (*Merc. Galant*).

maréchal de Noailles et de ses enfants furent transportés des Capucines à Notre-Dame (M. G. décembre 1708).

V

Lettre du P. Raphaël de Paris (Bonier) au cardinal Caprara, mai 1802. Arch. Nat. A. F. IV 1901.

Eminence,

Quoique le Gouvernement François ait brisé tous les liens qui nous unissoient en corps comme religieux, et n'a cependant ni voulu, ni pu rompre ceux de la charité que nous conserverons les uns pour les autres jusqu'à notre dernier soupir : c'est cette charité, Eminence, qui m'amène à vos pieds en qualité de ci-devant vicaire provincial des Capucins de la province de Paris. C'est elle qui m'inspire de réclamer votre bonté paternelle en faveur des religieuses Capucines de Paris et d'Amiens, qui ci-devant etoient soumises à notre juridiction.

Dans le moment où ces filles infortunées se sont vues forcées d'abandonner leur habit de pénitence, leur chère solitude, elles se sont retirées les unes chez leurs parents, les autres auprès de leurs amis pour y trouver les secours de première nécessité. Plusieurs se sont réunies et vivent ensemble fort pauvrement, souvent réduites à user des secours que le gouvernement accorde aux indigents, et j'ai la douce consolation de pouvoir assurer votre Eminence qu'il n'y en a pas une seule qui ait manqué à ses engagements par une conduite déshonorante.

Incapable de leur procurer des ressources que ne sont pas en mon pouvoir je désire au moins contribuer à tranquilliser leurs consciences. C'est pourquoy je supplie votre Eminence de renouveler à leur égard la dispense à elles accordée par Pie VI de respectable et sainte mémoire pour les autoriser à user de la viande selon le besoin et leur volonté et de dispenser aussi celles qui sont retirées dans des maisons particulières de se réunir aux autres parce que cette réunion en augmentant leur misère ne pourroit que contribuer à les rendre plus malheureuses.

En vertu de la nouvelle organisation du culte catholique en France, les écclésiastiques séculiers et réguliers ne formant plus qu'un corps, ceux-ci peuvent être nommés par quelques évêques pour occuper des bénéfices et déjà cela s'exécute à Paris. C'est cette nomination qui inspire des inquiétudes aux religieux capucins de la province de Paris, vu le vœu de pauvreté étroite qu'ils ont contracté dans leur ordre.

Ils espèrent et se promettent bien fermement d'observer leur vœu de chasteté jusqu'au dernier soupir, moyennant le secours du ciel ; quant à celui d'obéissance les liens qui les soumettaient à leurs supérieurs claustraux étant rompus, chacun d'eux rentre sous l'observance de son évêque diocésain conformément à la promesse faite à l'ordination. La manière dont ils pourront observer leur vœu de pauvreté, voilà, Eminence, ce qui occasionne des perplexités dans l'âme des suppliants. C'est pourquoi en leur nom et au mien, je conjure votre Eminence, en nous déclarant habiles à posséder les bénéfices dont il plaira aux évêques de nous pourvoir, de nous accorder les dispenses nécessaires pour jouir des revenus qui pourront nous être attribués à quelque titre que ce soit, comme pensions, donations, rentes et héritages, etc. Les suppliants se soumettent humblement aux conditions qu'il plaira à V. E. de leur imposer.

Je supplie aussi V. E. de me faire savoir en m'honorant de la réponse si les indulgences accordées à nos églises pour le jour de N. D. des Anges, de celui de N. P. S. François sont censées subsister dans les deux églises de notre Ordre qui sont conservées dans Paris (1) et si nous pouvons les annoncer aux fidèles pour les engager à se disposer de les gagner.

Son Eminence voudra bien faire adresser la réponse au citoyen Bonier rue Thiroux, chaussée d'Antin, n° 658 à Paris.

Parisien. et Ambianen. Indult. seculariz. et bona recipiendi, retinendi et disponendi per actus tantum inter vivos declaratio exemptionis ab observantiis peculiaribus reg. pro regular. utriusque sexus ord. cap. in diœc. Parisien. et Amb. 25 maii 1802.

VI

Tableaux de Restout et de Jouvenet. Arch. Nat. O¹ 1922ᵇ.

« A Compiègne le 15 juillet 1756,

« Le Roy a accepté, Monsieur, le sacrifice que les Dames religieuses Capucines lui ont fait du tableau du maître-autel de leur église, et en cela sa Majesté sur ma représentation a rempli les vœux de l'Accadémie qui désiroit avoir ce tableau dans son salon, mais comme l'idée que le Roy a conçue de ce tableau pourroit luy faire désirer de le voir dans ses appartements, l'académie ne doit espérer d'en jouir que dans le cas que sa Majesté ne jugeroit pas à propos d'en décorer quelqu'une des maisons royales.

Ayez agréable de prévenir Mr Restou que Le Roy a ordonné qu'il feroit de ce tableau une copie assez fidelle qu'il luy sera possible pour dédommager ces Dames Religieuses du sacrifice qu'elles font de l'original.

Je suis Monsieur votre très humble et très obéissant serviteur.

Le Mⁱˢ de Marigny.

Dans l'Exercice de 1756 on trouve au nom de Restout père la mention suivante :

Ordre de M. le Mⁱˢ de Marigny pour faire une copie de la Descente de Croix de Mr Jouvenet pour l'église des Capucines.

Un mémoire du tableau cy-dessus montant à 2 000 l.

Payé sous la gestion de M. Cochin.

Acompte payé le 10 Xbre 1760.

---

(1) Saint-Louis d'Antin et Saint-Jean Saint-François.